내 삶의 터닝포인트

옴니버스 인생 책쓰기 8편
50인의 인생 전환점 이야기

삶을 더욱 열정적이고
행복하게 살고 싶은 당신에게

이 책을 전합니다

내 삶의 터닝포인트

초판 1쇄 발행_ 2025년 05월 12일

지은이_
우경하 이은미 조유나 박선희 이연화 김지현 정원임 장예진 최윤정 심푸른
강화자 김순란 정소영 신두호 양 선 이시우 김 정 한준기 김미옥 조대수
박보라 이형은 장선희 이대겸 이단비 박해리 최순덕 유병권 한기수 권오성
김종호 이정혜연 최형임 이정인 최마리 김지영 차에스더 김혜경 최윤정 정세현
한민정 오순덕 이의령 박정순 김정화 최민경 최수미 김선화 권수일 우정희

펴낸이_ 우경하
펴낸곳_ 인생이변하는서점
디자인_ 우경하 & 정은경
표지디자인_ 디자인플래닛
인쇄처_ (주)북모아

출판등록번호_ 제2021-000015호
주소_ 서울 도봉구 덕릉로 63가길 43, 지하26호
전화_ 010-7533-3488
ISBN_ 979-11-991251-9-3(03190)
정가_ 18,000원

이 책은 저작권법에 따라 보호받는 저작물이므로
무단 전재와 무단 복제를 금지하며
이 책 내용을 이용하려면 반드시 저작권자와
출판사 인생이변하는서점의 서면동의를 받아야 합니다.
잘못된 책은 구입처나 본사에서 바꾸어 드립니다.

50인 지은이 소개

우경하 이은미 조유나 박선희 이연화
김지현 정원임 장예진 최윤정 심푸른
강화자 김순란 정소영 신두호 양 선
이시우 김 정 한준기 김미옥 조대수
박보라 이형은 장선희 이대겸 이단비
박해리 최순덕 유병권 한기수 권오성
김종호 이정혜연 최형임 이정인 최마리
김지영 차에스더 김혜경 최윤정 정세현
한민정 오순덕 이의령 박정순 김정화
최민경 최수미 김선화 권수일 우정희

내 삶의 터닝포인트

1장. 지은이 소개

01. 우경하 - 나연구소 대표, 한국자서전협회장
02. 이은미 - 오색그림책방 대표, 한국미래평생교육원장
03. 조유나 - 유나리치, 한국개척영업컨설팅연구소 대표
04. 박선희 - 더원인재개발원 대표, (주)ESG경영연구원 이사
05. 이연화 - 한국그림책작가협회 정회원, 한우리 독서지도사
06. 김지현 - 마음나라연구소 대표, 사회복지학 박사
07. 정원임 - 글로벌미래교육원 대표, 재능환전소 대표
08. 장예진 - 휘게 심리상담센터 대표, 상담심리 치료 박사(PHD)
09. 최윤정 - 윤정교육연구소 소장, 『내 삶을 바꾼 책』 베스트셀러작가
10. 심푸른 - 전남대학교 석, 박사학위 취득, 대한웰다잉협회 전문 강사

2장. 지은이 소개

11. 강화자 - 1인 기업가 공감 톡 브랜딩 대표, 꿈짱 코치 4050 직장인
12. 김순란 - 구미호헌총신 학장, 축복장로교회 담임목사
13. 정소영 - Top 인재개발원 대표, 한국과학창의재단 진로컨설턴트
14. 신두호 - (주)프레스티지코스메틱코리아 대표이사
15. 양 선 - 여여나무연구소 대표, 한국작가협회 이사겸 김해지부장
16. 이시우 - 시인 이시우(적절한 시기에 당신에게 내리는 비)
17. 김 정 - 인카금융서비스(주) S.T 본부장, 피부 국제대회 은상
18. 한준기 - 경기대 행정대학원 석사, 나 연구소 인천 미추홀지부장
19. 김미옥 - 사회복지법인 제주공생 희망나눔종합지원센터 센터장
20. 조대수 - 화법연구소 대표, 백년멘토 대표

3장. 지은이 소개

21. 박보라 - 교육사 35년 운영, 치매 안심센터 리더
22. 이형은 - 강남대 도서관학과 졸업, 책쓰기 지도사
23. 장선희 - 학교 40년 근무후 은퇴
24. 이대겸 - 인카금융서비스 유나리치 진심설계사
25. 이단비 - 와우엔터테인먼트 대표, 꽃 여행사 대표
26. 박해리 - 이음 심포니커 대표
27. 최순덕 - 직무지도위원, 근로지원인 활동 중
28. 유병권 - 제25회 서울 독립 영화제 우수작품상
29. 한기수 - 한국남성행복심리상담연구소 대표, 여여나무연구소 국장
30. 권오성 - 해병대 부사관 10년 복무, 신혼부부 경제개념 연구소 대표

4장. 지은이 소개

31. 김종호 - 웰다잉 전문강사, 사전연명의료의향서 상담사
32. 이정혜연 - 한국고전번역원 연수과정 졸업, 한문번역가
33. 최형임 - 신세계합동녹취속기사무소 대표속기사
34. 이정인 - 삶의 결을 따라 다정하게 걸어가는 글 작가
35. 최마리 - 연세대학교 보건대학원 국제보건 전공 연구교수
36. 김지영 - 유치원 교사 & 유아교육 석사
37. 차에스더 - 예은마음삼담 치유연구원 소장, 주님의교회 담임목사(백석)
38. 김혜경 - 공간 지음 대표, 행복 책방 대표
39. 최윤정 - 치과위생사, 보험설계사(재무 설계, 자산 관리)
40. 정세현 - 정의 평화 생명의 가치 지키는 사람

5장. 지은이 소개

41. 한민정 - 쥬드발레하우스무용학원원장, 세종특별자치시교육협회 회장
42. 오순덕 - 한글마루 창작소 공동대표, 한글만다라 개발자
43. 이의령 - 진정한 나를 알기 위해 조금은 다른 길을 걷는 고등학생
44. 박정순 - 한국코치협회 KPC코치, 멘토지도자협의회회원
45. 김정화 - GA 프라임소속 김정화설계사, 에니어그램 강사
46. 최민경 - 웰니스 토탈 라이프 디자이너, 하트나비라이프
47. 최수미 - 저서: 책이 시키는 대로 했더니 인생이 달라졌다
48. 김선화 - 영산대학교 겸임교수, 청소년지도사
49. 권수일 - 서울대학교 치의학대학원 행정실장, 인사혁신처 적극행정 전담강사
50. 우정희 - 청도재가노인복지센터 대표, 한세대학교 사회복지행정학과 박사

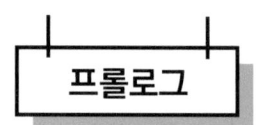

프롤로그

    이 책은 50인 작가들의 인생 터닝포인트를 진솔하게 기록한 책이다. 우리는 어떤 계기로 삶의 전환점을 맞이했고 어떻게 인생이 변했는지 진솔하고 담담하게 책에 담았다.

    직장인에서 1인 기업가로, 학원 강사에서 출판사 대표로, 초보 보험설계사에서 개척 영업 전문가로, 하루 15분씩 걷기로 시작해서 마라톤 풀코스까지… 등의 생생한 성장과 변화 이야기가 들어있다.

    누구나 인생을 살면서 여러 이유로 다양한 삶의 전환점을 경험한다. 그것은 본인의 간절한 소망이자 세상이 우리에게 주는 선물이기도 하다.

    이 책은 삶의 변화를 꿈꾸는 분들에게 추천한다. 다양한 변화 이야기를 통해 생각과 행동의 변화를 만나고, 삶의 새로운 희망과 용기를 얻을 수 있을 것이다. 공동 저서는 여러 사람의 경험과 지혜를 한 권으로 만나볼 수 있다는 매력이 있다.

    이 프로젝트는 전자책, 공동 저서, 자서전 전문 나연구소의 [옴니버스 인생 책쓰기] 프로젝트 8편이다. 프로젝트는 매월 1권씩 출판, 총기간 8년, 100편까지 출판을 목표로 한다.

    우리의 이야기가 더 나은 내가 되고, 원하는 인생을 살고 싶은 분들에게 희망과 용기가 되길 소망하며 우리 놀랍고 감사한 인생 터닝포인트 이야기를 시작한다.

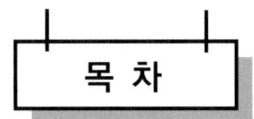

프롤로그   /12

1장. 1인 기업이라는 신세계를 만나다   /14
2장. 평범하던 내가 작가가 되었다   /56
3장. 세 번의 변곡점, 그리고   /98
4장. 내 삶의 큰 물결   /140
5장. 배움의 문턱이 낮아지도록   /182

에필로그   /224

1장

1인 기업이라는 신세계를 만나다

01. 우경하	02. 이은미
1인 기업이라는 신세계를 만나다	세 번의 꽃이 피어나다

03. 조유나	04. 박선희
지금의 나를 만든 개척 영업	하루 15분만 걸어보자

05. 이연화	06. 김지현
아픔 속에서 희망의 씨앗이 되어준 글쓰기	내 삶을 바꾼 단짝을 선택했다

07. 정원임	08. 장예진
내 삶의 터닝포인트, 글쓰기로 다시 태어나다	일중독에서 벗어나 건강을 찾다

09. 최윤정	10. 심푸른
건강을 잃고서야 찾은 운동	경험의 씨앗이 튀어 오르다

NO.1

우경하

❏ **소개**

1. 나연구소 대표
2. 한국자서전협회장
3. 전자책, 공동저서. 자서전 출판 전문
4. 온라인 오프라인 500회 이상 강의 코칭
5. 전자책, 종이책 포함 170권 이상 출판
6. 누적 출판작가 600명 이상 배출
7. 닉네임: １００권작가

❏ **연락처**

1. 네이버 검색: 우경하
2. 유튜브 검색: 나연구소

1인 기업이라는
신세계를 만나다

"후우" "하아"

오늘도 아침부터 여기저기에서 깊은 한숨 숨소리가 들려온다. 나는 차마 남들처럼 입 밖으로 소리 내지 못하고 속으로 한숨을 삼키고 있었다. 그곳은 약 6년 전쯤, 내가 12년간 근무했던 사무실이었다. 활기차게 하루를 시작해야 하지만 몇몇은 출근하고 자리에 앉자마자 깊은 한숨을 쉬고 있었다.

숨이 턱턱 막히고 가슴이 답답했다. 이곳을 벗어나고 싶었다. 내 가슴은 전혀 설레지 않았고 삶과 일의 의욕과 열정 등은 사라진 지 오래였다. '이렇게 사는 게 맞나?' '이게 정말 내가 원하는 인생인가?' '내가 정말 좋아하는 일에 열정을 다하는 멋진 인생을 살고 싶다. 가슴 뛰는 나만의 일을 하고 싶다.'라는 외침이 들려왔다.

내 삶의 터닝포인트는 지금으로부터 약 8년 전, 암울했던 직장인 시절 무자본 창업, 1인 기업이라는 신세계를 만난 일이다. 회사 일의 책임과 무게에 짓눌려 있었고 앞이 보이지 않는 불안한 미래로 인해 걱정과 두려움을 가득 안고 있던 시절이었다. 벗어나고 싶고 새로운 나만의 일을 하고 싶었지만, 방법을 몰라서, 경험이 없어서 두렵고 답답했었다.

30대 중후반쯤 직장 생활에 한계가 느껴졌다. 평생을 월급만 바라보면서 내가 원치 않는 일을 하기는 너무도 싫었다, 무엇보다 나의 3~5년 후 미래가 될 상사들의 모습이 불행해 보였다. 가슴 뛰고 내 온 열정을 다해서 할 수 있는 나만의 일이 너무도 하고 싶어서 창업을 결심했다. 그 당시 나는 회사일 외에는 아무것도 모르는 우물 안 개구리이자 온실 속의 화초였다. 지금 내가 하고 있는 온라인 기반 비즈니스를 전혀 몰랐고 창업은 오로지 오프라인 매장밖에 알지 못했다.

퇴사를 결심했다. 고향에서 부모님이 농약 장사, 지업사, 철물점을 했고 했던 일이 조명 관련 일이라 조명과 철물 자재를 판매와 시공을 함께 하는 매장을 차려야겠다고 생각하고 여기저기서 정보를 찾아보았다. 초기 제품을 세팅해 주고 시공과 설치를 교육해 주는 곳에서 상담도 받아보았고 실제로 그런 매장을 운영한 곳을 방문해서 일이 어떤지 물어도 보았다.

다니면서 불안한 마음도 컸다. 초기 큰 비용이 필요했다. 퇴직금을 모두 쏟아붓고 대출도 받아야 했다. 경험이 전혀 없기에 실패에 대한 두려움이 컸지만, 다른 대안이 없었다. 그렇게 불안한 마음을 안고 다양한 정보를 온라인에서 찾던 중에 우연히 무자본 창업, 1인 기업이라는 것을 알게 되었다.

'무자본으로 창업이 가능하다고?' '1인이 기업이 될 수 있다고?' 의아했고 수상했지만 호기심이 생겼다. 강한 자석처럼 이끌렸다. 배우기 위해 그들이 쓴 책을 보고, 카페의 글을 읽고, 영상 등을 보았다. 그리고 한 달에 한 번씩 강남에서 진행했던 오프라인 포럼에 참석하면서 이 세계를 조금씩 알아갔다.

매우 놀라웠다. 그들이 하는 방식은 기존의 사업과는 정반대였다. *'무자본이 가장 거대한 자본'*이라는 슬로건으로 상식과 고정관념을 깨는 다양한 사업모델로 비즈니스를 하고 있었다. 처음엔 받아들이고 이해하기가 어려웠지만 알면 알수록 이 일에 매력을 느꼈고 내 일이라는 생각이 들었다.

무엇보다 그곳에서 배운 가장 큰 깨달음은 *'내가 내 삶에 주인'*이라는 가치관이었다. 오랫동안 내 삶의 주인으로 살지 못했다는 것을 깨달았고 내 삶의 주인으로 살아가는 방법과 용기를 배웠다. 더불어 생산자의 개념, 마음 관찰, 마음 정화 치유, 블로그 글쓰기 등도 배웠다. 이후 2017년부터 꾸준히 블로그에 나를 찾는 글을 쓰며 진짜 나를 만났고 사업의 기틀을 마련하게 되었다.

이후 나이 40에 과감하게 퇴사하고 1인 기업가가 되었다. 퇴사 후 많은 일들이 있었고 많이 노력했다. 꾸준히 배움을 이어 나갔고 내 것으로 만들기 위해 다양한 시도를 했다. 많은 실패와 좌절도 경험했다. 초반 1년은 퇴직금을 다 까먹는 어려움도 겪었다. 하지만 그때가 있기에 지금의 내가 있다.

어느덧 1인 기업 6년 차다. 전자책, 공동 저서, 자서전 쓰기 코칭, 강의, 출판 프로젝트를 통해서 글쓰기와 책 쓰기를 시작하려는 분들의 내면과 외면의 성장을 돕는 일을 하고 있다. 내가 잘하고 좋아하는 일을 매우 행복하게 하고 있어서 감사하다. 1인 기업이라는 신세계를 만난 것은 내 삶의 가장 큰 터닝포인트다.

NO.2

이은미

❏ 소개
1. 오색발전소 대표
2. 한국미래평생교육원장
3. 오색그림책방 운영
4. 한국작가협회 부회장 & 포천지부장
5. 그림책심리성장연구소 경기1지부
6. 전자책, 공동저서. 자서전출판 전문
7. 종이책, 전자책, 그림책, 개인저서 포함 61권 작가

❏ 연락처
1. 블로그: https://blog.naver.com/mi2241
2. 네이버 검색: 그림책코치 이은미, 오색그림책방

세 번의 꽃이 피어나다

어느 날 문득 돌아보니, 내 삶은 마치 한 권의 그림책 같았다. 장마다 다른 색깔을 지닌 채 때로는 거친 붓 터치로, 때로는 섬세한 수채화로 그려진 이야기였다. 그 안에는 흔들리고 부딪히며 나를 찾아가는 과정이 빼곡히 채워져 있었다.

그럼에도 나에게 주어진 길을 알지 못하고 기회라는 것을 놓치며 살았다. 반복된 삶을 지나 지금의 나를 세상에 당당하게 설 수 있게 했던 순간들이 스쳐 지나간다. 그 시간이 결국 내 삶의 터닝포인트가 되었다.

첫 번째 터닝포인트는 무너진 자리에서 움튼 새싹 같은 시간이다. 평범한 학생으로 자라, 평범한 직장인이 되었다. 삶은 큰 물결 없이 잔잔했지만, 20대 중반에 결혼하며 갑작스레 다른 페이지가 펼쳐졌다. 부모가 된다는 것은 기쁨이었으나, 현실은 녹록지 않았다. 경력 단절의 벽 앞에서 나는 숨이 막혔고, 가족의 병원비는 나의 날개를 무겁게 짓눌렀다. 하지만 사랑하는 아이들의 교육만큼은 포기할 수 없었다. 그 작은 신념이 나를 다시 일으켜 세웠다.

친구의 손을 잡고 학원 강사로 사회에 첫발을 내디뎠을 때, 나는 다시 태어나는 기분이었다. **가르치는 일**이 이렇게 나를 설레게 할 줄은 몰랐다. 그리고 그 길은 나를 대기업 학습지 교사로 이끌었고, 20년이라는 세월 동안 수많은 학생과 부모님을 만나며 교육자로서 단단해질 수 있었다. 누군가의 배움이 나로 인해 빛을 발할 때, 나는 존재의 의미를 되찾았다.

두 번째 터닝포인트는 그림책을 통해 발견한 또 다른 나의 모습이다. 교육자로서 깊이와 내공이 쌓이면서, 나는 자연스레 평생교육사의 길을 걷게 되었다. 하지만 그 과정에서 한 가지를 깨달았다. 학습이란 단순한 지식 전달이 아니라, 삶을 들여다보고 마음을 어루만지는 과정이어야 한다는 것을. 그때부터 나는 아이들과 어른들이 함께 읽는 그림책에 매료되었다. 그림책은 짧지만 깊었고, 단순하지만 울림이 있었다. 그 안에서 나는 나를 다시 만날 수 있었다.

그림책을 매개로 사람들과 소통하며, 나는 '엄마'라는 이름 너머의 나를 찾았다. 1인 기업 강사로서 나만의 브랜드를 만들었고, 더 많은 사람에게 삶의 따뜻한 이야기를 전하고 싶었다. 그림책이 내게 날개를 달아주었고, 나는 다시 한번 도약할 수 있었다.

세 번째 터닝포인트는 잔잔한 빛으로 피어나는 미소다. 10대의 꿈 많던 시절은 평범하게 지나갔고, 20대는 질풍노도의 길을 헤맸으며, 30대는 삶과 마주하며 끝없는 고민을 이어갔다. 그리고 40대, 마침내 나를 조금씩 이해하고 받아들이면서 새로운 목표를 품게 되었다. 그렇게 걸어온 길 위에서, 이제 나는 50대의 꿈을 이룬다. 이번에는 거친 파도도, 거센 바람도 두렵지 않다. 잔잔한 빛으로 환한 웃음을 지을 준비가 되었다.

그렇게 작가로서, 출판사와 평생교육원을 운영하며 또 한 번의 이야기를 써 내려간다. 좋아하는 일을 하며, 사람들의 마음을 안아주는 코치로서 가치 성장을 이루어가고 있다. 내 삶의 모든 순간이 모여, 결국 나를 완성해 왔다. 나는 여전히 꿈꾼다. 그리고 그 꿈은 이제 나만의 것이 아니다. 내가 걸어온 길이 누군가에게 작은 빛이 되기를, 나의 이야기가 또 다른 이의 터닝포인트가 되기를 바라며, 나는 오늘도 한 페이지를 써 내려간다.

끝이 아니라, 새로운 시작 삶은 언제나 예측할 수 없는 방향으로 흐른다. 때로는 거친 바람이 불고, 때로는 잔잔한 물결이 우리를 감싸안는다. 하지만 어떤 순간에도 우리는 다시 일어나 걸어갈 힘을 가지고 있다. 나의 이야기가 그 증거다. 어려움 속에서도 우리는 성장할 수 있고, 아픔 속에서도 희망을 찾을 수 있다. 작은 용기와 단단한 신념이 나를 지금의 자리까지 이끌어 준 것처럼, 당신도 당신만의 길을 만들어 갈 수 있다. 인생의 모든 순간이 의미 있고, 모든 선택이 새로운 가능성을 열어준다. 그리고 우리는 언제든 다시 시작할 수 있다.

지금 여기, 당신의 터닝포인트는?

NO.3

조유나

❑ **소개**
1. 한국개척영업컨설팅연구소 대표
2. 유나리치 인카금융서비스 대표
3. 2023년 더 베스트금융 연도대상 금상
4. 2022년 한국 영업인협회 신인상
5. 2017년 메리츠화재 연도대상 동상
6. DB생명 위드유 보험왕
7. 2024년 클래스유 〈개척여신이 알려주는 억대연봉 꿀팁〉
8. 개척영업 전국 1위 인기강사
9. 2023년 3월- 유나리치출판사
10. 조유나 작가 출간 저서 공저. 전자책 포함 16권
    * 전국 수강생- 연도대상. 억대연봉, 월천여신 달성 다수
    * 닉네임: <u>유나리치 개척여신 조유나</u>

❑ **연락처 010 2415 5999**
1. 네이버 검색: 조유나의톡톡
2. 블로그: younarich1004
3. 인스타: @younarich

지금의 나를 만든
개척 영업

  내 인생의 터닝포인트는 아는 사람 하나 없이 보험 영업을 개척으로 시작하면서부터였습니다. 처음 시작할 때, 아무런 배경도, 지인도 없이 보험을 팔아야 한다는 사실이 너무 막막했어요.

  보험 영업은 사람과의 신뢰가 중요한 일이지만, 저는 지인 하나 없이 완전히 낯선 환경에 던져졌으니까요. 무엇보다 가장 큰 문제는 어떻게 사람들에게 다가가야 할지 몰랐다는 점이었죠. 그때는 막연히 *'보험을 잘 팔아야겠다'*라는 생각뿐이었고, 어떻게 팔아야 할지에 대한 구체적인 계획도 부족했습니다.

  처음에는 전단을 돌리는 일이 부끄럽게 느껴졌어요. *'내가 이런 일을 해야 하나?'*라는 의문이 끊임없이 들었고, 마음속에선 자존감이 계속 흔들렸습니다.
  전단을 주고 나면 사람들이 나를 어떻게 생각할지 걱정되었고, 그럴수록 더 움츠러들었습니다. 물론 전단을 받아주는 사람도 있었지만, 대다수는 냉담하거나 무시하기 일쑤였죠. 그런 작은 실패들이 쌓이면서 점점 자신감을 잃어갔습니다.

임신 3개월, 처음 영업을 시작했을 때 기억이 납니다. 병원에 전단을 돌리러 갔는데, 한 환자분이 저를 보더니 안타까운 눈빛으로 전단을 받으셨어요. 그때는 왜 그런지 몰랐지만, 나중에 생각해 보니 제 자존감이 문제였던 거예요.

전단을 나눠주는 것이 부끄럽다고 느낀 것은, 사실 자존감이 낮아서였어요. 그때는 전혀 부끄럽지 않다고 생각했는데 말이죠!

처음에는 아는 사람에게 전단을 주는 게 훨씬 어려웠어요. 그런데 모르는 사람에게 시도하니 오히려 더 편했어요. 지금 열심히 활동해서, 나중에 자녀들에게 손 벌리지 않도록 준비하는 것이 중요하다는 걸 느꼈습니다!

일하면서 자존감도 많이 올라갔고, 신발 한 켤레를 버릴 때마다 희열을 느껴요! 어제는 아끼던 신발을 버렸는데, 다음엔 더 많이 활동해서 또 하나 버리고 싶어요.

지금은 더 당당하게 활동하고 있어요. 아는 사람에게 전단을 주는 것이 어려웠지만, 모르는 사람에게 다가가니까 오히려 더 편했답니다! 미래를 위해 지금 열심히 움직이는 것이 얼마나 중요한지 깨달았어요. 개척 영업으로 무료로 DB 받기, 자존감을 올리고, 개척 영업에 날개를 달아보아요!

하지만 그때 깨달은 것은, **'내가 하는 일에 얼마나 확신이**

있느냐?'가 중요하다는 것이었어요. 사람들에게 내가 하는 일의 가치를 진심으로 전달하고, 내가 그 가치를 믿어야만 다른 사람도 믿을 수 있다는 걸 알게 되었습니다. 그때부터는 단순히 전단을 나누는 일을 넘어서, 사람들과의 진정한 관계를 쌓아가기로 결심했습니다.

그래서 여러 번 실패하고, 여러 번 좌절하면서도 계속해서 사람들을 만나고, 대화하고, 내가 제공할 수 있는 가치를 설명했어요. 그 과정에서 나만의 스타일을 찾아가며 조금씩 성과를 내기 시작했습니다. 비로소 '사람과의 신뢰'를 쌓는 것이 얼마나 중요한지, 그것이 결국 내가 성공할 수 있는 열쇠임을 깨달은 순간이었습니다.

그 어려운 시기를 거쳐, 이제는 강의도 하고, 설계사님들의 브랜딩을 돕는 일을 하게 되었습니다. 처음 시작할 때의 그 막막함과 두려움은 이제는 소중한 경험이 되었고, 그것 덕분에 지금의 내가 있을 수 있었던 것 같아요.

처음엔 정말 아무것도 없었지만, 포기하지 않고 나아가니 어느새 큰 성장을 이뤄낸 저 자신을 발견할 수 있었습니다. 개척 영업으로 얻은 돌파구 정말 고마운 나의 터닝포인트, 감사합니다 .

♡You & Na Rich♡ -

NO.4

박선희

❑ 소개
1. 더원인재개발원 / 더원출판사 대표
2. ㈜ESG경영연구원 이사
3. [전]경남카네기리더십연구소 전문강사
4. 교육학박사수료
5. ESG기업경영컨설턴트, 공정채용컨설턴트, 기업교육강사, 한국산업인력공단 E9외국인특화과정강사, 작가, 블로거
6. 네이버 인물검색: 박선희작가
7. 닉네임: 오이작가

❑ 연락처
1. 블로그: https://blog.naver.com/wakeupsun
2. 네이버 검색: 박선희작가, 전문직업인.

하루 15분만 걸어보자

나를 찾는 하루 5분 코칭스킬
1. 내 삶을 바꾼 터닝포인트를 떠올려 보자
2. 일어난 계기는 무엇이며 어떤 상황인가?
3. 이 터닝포인트로 내가 얻은 삶의 영향은 무엇인가?

우리는 살면서 여러 번의 터닝포인트를 만난다. 터닝포인트를 맞이한 사람은 과거의 한계를 뛰어넘어 새로운 꿈과 목표를 세우고, 자신이 몰랐던 내면의 힘과 잠재력을 발견한다.

내 삶에도 인생 궤도를 바꾼 터닝포인트가 몇 번 있었다. 사랑하는 사람을 만나, 스물여덟에 결혼하고, 두 딸아이를 낳았다. 아이를 품에 안은 순간 놀라움과 기쁨도 잠시, 밤낮이 바뀌고, 몸은 무겁고 독박육아에 늘 수면 부족이었다. 30대 초반 남편은 새벽에 출근하고 늦은 밤에 퇴근하며, 회사에 올인했다.

'좋은 엄마, 지혜로운 아내'가 되고 싶은 욕구가 클수록, 내면의 나는 하루하루 무너져 내렸다. 출산 후 우울증과 아기의 울음소리에 지쳐갔고, 때로는 공포스러웠다.

남편의 위로도, 가족들의 걱정도 나를 구원하지 못했다. 어느 날, 거울 속에 비친 내 모습을 보았다. 생기가 없었다. 머리는 헝클어져 있었고, 눈 밑에는 짙은 다크 서클이 내려앉아 있었다. "이대로는 안 돼. 하자. 무엇이든 해보자." 다음 날 새벽 5시, 나갈까말까 망설였다. 이불 안은 따뜻했다.

"15분만 걸어보자".
 긴 패딩 잠바에 운동화를 신고 나왔다. 15분 걸었다. 땀이 났다. "15분 2번만 더 걸어 보자". 동네 한 바퀴 걸었다. 한 달이 지나 조금씩 뛰기 시작했다.

 처음 운동화를 신었을 때, 한 발짝 내딛는 것도 힘들었다. 단 몇 분이라도 뛰는 것이 목표였다. 점차 거리가 늘어갔고, 속도도 붙었다. 달리는 동안 걱정과 불안이 사라지고, 오직 내 호흡과 발소리에만 집중할 수 있었다. 아직 아기가 어려 남편이 출근하기 전 새벽이 유일한 운동 시간이었다. 오직 고요한 나만의 시간. 오롯이 나만의 자유시간.

 어느 날 새벽, 10여 명의 사람들이 땀 흘리며 달렸다. 모두 같은 티셔츠를 입고 달렸는데 멋져 보였다. 그날 바로 '00마라톤 클럽'에 가입했다. 달리기 복장부터 기초 동작과 이론도 배웠다. 초보 마린이부터 서브 3, 울트라마라토너까지 실력이 쟁쟁한 선배들로부터 배우는 마라톤은 신세계였다. 내 일상도 변하기 시작했다. 훈련 계획을 세우고, 식단을 조절했다. 체력이 올라가면서 마음도 점차 안정되었다.

경주 풀마라톤이 생각난다. 출발선에 섰을 때 심장이 요동쳤다. 페이스메이커로 도와주는 선배들과 함께했다. 숨차고 힘들었다. 결승선을 통과하는 순간, 눈물이 흘렀다. 나는 해냈다. 산후 우울증이라는 터널을 빠져나오는 데 2년이 걸렸다. 2년 만에 17킬로 감량하였고, 아기의 울음소리가 더 이상 공포로 들리지 않았다. 힘들 때면 깊이 들이마시고 내쉬던 달리기의 호흡을 떠올렸다. 아이는 건강하게 성장하였다.

어떤 어려움이 있을 때마다 떠올리는 장면이 있다. 폭우에 투명 비닐 한 장 입고 뛰던 순간, 지리산 37킬로를 하루 만에 종주하던 순간, 풀코스완주. 마라톤의 성취 경험은 새로운 도전을 할 때마다 원동력이 되었다. 시작은 '15분'이었다.

지금 상황이 힘들고 잘 풀리지 않는가? 운동화 신발 끈을 질끈 묶고 달려보라. 나를 힘들게 하는 걱정, 고민, 스트레스 모든 것이 숨소리와 함께 사라진다. 나로부터 비롯된 변화의 시간. 하루 15분. 응원한다. 그대여! 파이팅!

NO.5

이연화

❑ 소개
1. 작가, 출판 저서: 『내 삶의 귀인』, 『내 삶의 감사일기』
  『내 삶을 바꾼 질문』 『평범한 날들을 특별하게 만드는 글쓰기』
  공저책 출간
2. 한국그림책작가협회 회원, 그림책지도사
3. 경기도사회복지사협회 회원
4. (사)한국동화구연지도사협회 회원
5. 그림책작가: 『날아라, 민들레야』 (관내도서관 배포용)
6. 자이언트 백작 부족 작가 활동중
7. 닉네임: 그림책과함께

❑ 연락처
1. 네이버 검색: 그림책과함께
2. 인스타 검색: lover_b00k

아픔 속에서 희망의 씨앗이 되어준 글쓰기

"고통이 지나간 자리에 강한 사람이 남는다."

-프리드리히 니체-

나는 한때 보육교사로 아이들과 함께하는 시간이 가장 행복했다. 아이들의 웃음 속에서 삶의 의미를 찾았고, 그들과 함께 성장하는 것이 내 삶의 큰 보람이었다. 그런데 예상치 못한 건강 문제로 인해 모든 것이 멈춰버렸다. 처음에는 단순한 피로라고 생각했다. 점점 몸이 무거워졌고 알 수 없는 통증이 찾아왔다.

병원을 찾았지만, 정확한 병명을 알 수 없었다. 진료와 검사를 반복하면서도 상태는 나아지지 않았고, 결국 병원 생활이 길어졌다. 4년이라는 시간 동안 입원과 퇴원을 반복해야 했다, 여러 과의 진료를 받으면서 몸도 마음도 바닥으로 떨어졌다.

그러다 내 블로그 포스팅을 보고 공저 책을 출간해 보자는 제안을 받게 되었다. 글쓰기가 단순한 취미가 아니라는 것을 깨달은 순간이었다. 나는 내 감정을 솔직하게 마주할 수 있었다. 오랫동안 억눌려 있던 감정들이 서서히 흘러나오기 시작했다. 건강했던 시절의 나, 보육교사로서의 나, 병원에서 무기력하게 지내던 나, 그 모든 순간을 되돌아보며 글로 정리했다.

처음에는 슬픔과 좌절감이 묻어나는 글이 많았다. 하지만 점차 글을 통해 나를 치유하고 있다는 걸 느꼈다. 내 감정을 받아들이고, 내 삶을 있는 그대로 바라보게 되었다. **글쓰기는 나에게 새로운 길을 열어주었다.** 글을 쓰면서 나는 매일 나 자신과 대화했다. 억울함, 분노, 슬픔, 그리고 희망까지. 모든 감정을 글로 풀어내면서 마음이 조금씩 단단해지는 것을 느꼈다. 글은 내게 힘이 되어 주었고, 삶의 의미를 되찾게 해주었다. 아픔의 시간이 헛되지 않았음을 깨달았다.

나는 글쓰기를 통해 세 가지를 경험하게 되었다.

☑ 첫째, **나 자신을 이해하게 되었다.**

글쓰기를 통해 나의 감정을 솔직하게 마주하고 정리할 수 있었다. 그 과정을 통해 나 자신을 치유하고 더욱 단단한 마음을 가지게 되었다.

☑ 둘째, **희망을 찾을 수 있었다.**

절망 속에서도 글을 쓰면서 작은 희망을 발견할 수 있었다. 나의 이야기를 기록하며 삶의 의미를 되새기고, 새로운 목표를 설정할 수 있었다.

☑ 셋째, **공감과 위로를 전할 수 있는 용기를 얻었다.**

나의 경험을 공유함으로써 비슷한 어려움을 겪는 사람들에게 희망과 용기를 줄 수 있음을 깨달았다. 글쓰기는 나뿐만 아니라 다른 이들에게도 위로가 될 수 있는 강력한 도구였다.

글쓰기가 아니었다면 나는 여전히 절망 속에서 하루하루를 의미 없이 보내고 있었을지도 모른다. 하지만 지금 나는 다르다. 글을 통해 나 자신을 발견했고, 희망을 찾았으며, 새로운 목표를 세웠다. 여전히 병원에서 치료를 받고 있지만, 이제는 절망하지 않는다.

나는 나의 이야기를 통해 다른 이들에게 위로를 전하고 싶다. 병원 생활이 길어지고, 삶이 힘들어질지라도, 글쓰기를 통해 희망을 찾을 수 있다는 걸 전하고 싶다. 삶은 언제, 어떻게 변화할지 모른다. 하지만 우리는 그 안에서 의미를 찾고, 앞으로 나아갈 수 있다. 나에게 글쓰기는 바로 그 길이었다.

오늘도 나는 한 줄 한 줄 써 내려간다. 그리고 믿는다. 나의 이야기가 누군가에게 작은 희망이 되기를.

NO.6

김지현

☐ 소개

1. 마음나라연구소 대표
2. 사회복지학 박사
3. 한국그림책문화예술협회 인천지회장
4. SP교육연구소 수석연구원
5. 그림책감정코칭지도사
6. 노인그림책긍정심리지도사
7. 긍정심리인성지도사

☐ 연락처

네이버 검색: 마음나라연구소

내 삶을 바꾼
단짝을 선택했다

바쁜 농사철 끝자락 밤이면 인사불성(人事不省) 되신 아버지의 고함에 온 동네가 시끌벅적했다. 아버지의 반복되는 언행에도 어머니는 동네가 시끄러워진다며 늘 속상함을 혼잣말로 중얼거리셨다. 아버지는 수술을 여러 차례 하셨지만, 금주를 한다는 건 상상할 수 없었다. 아버지가 술을 드시고 오신 날은 작은방에서 귀를 막고 자는 척했다. 아버지의 고함도 무서웠지만 캄캄한 밤에 술을 사러 가는 것은 더 무서웠다. 손전등을 들고 구불구불 논두렁을 지나 한참을 가야 했다.

노래도 흥얼거려보고 큰 소리로 혼자 중얼거려 보아도 무서움은 사라지지 않았다. 세찬 겨울바람 소리는 귀신이 따라오는 듯 온몸을 오싹하게 만들었다. 무사히 집에 돌아오면 눈물이 핑 돌았다. 지금은 아버지의 그때 상황을 들어 이해하지만, 어린 나는 아버지가 너무 야속했다. 부엌 한편에 쪼그리고 앉아 계시는 슬픈 어머니의 뒷모습을 볼 때면 결혼에 대해 생각할 수 없었다. 드라마에 등장하는 다정다감한 남편과 아버지의 모습은 나와는 상관없는 상상 속 가정이었다. 나의 아버지는 바꿀 수 없었다.

어느 날 큰 언니가 형부를 데려왔다. 너무나 부드러운 말투와 따뜻한 눈빛으로 언니를 바라봤다. 형부가 신혼집에서 엎드려 방을 열심히 닦으며 집안일을 돕는 모습을 보았다. 아버지에게서 보지 못한 가정적인 남편 모습이었다.
 '아, 이런 남편도 있구나!'
　새로운 가정의 모습을 보았다. 둘째 언니가 형부를 데려왔다. 키도 크고 잘 생기고 아주 잘 웃었다.
 '아 이런 남편도 있구나.'
　또 다른 가정의 모습을 보았다. 셋째 언니가 형부를 데려왔다. 언니의 이야기에 귀 기울여주고 다정다감한 말투로 언니를 웃게 만들었다. '아, 이런 남편도 있구나.'
　언니와 형부들로 인해 상상이 아닌 현실에서도 행복한 가정의 모습을 보았다. 그리고 언니들의 결혼 생활을 보며 내가 원하는 가정의 모습이 어떤 것인지 생각하게 되었다. 서로 이해해 주고 마음을 함께 나누며 따뜻하고 행복한 가정을 만들고 싶었다. 어느 순간부터 형부들의 모습이 나의 이상적인 남편감으로 자리를 잡았다.

　2000년 인터넷을 접하면서 동창생을 찾아주는 아이러브스쿨에 가입했다. 외로운 서울 생활 동창하고라도 연락하고 지내면 조금은 견딜 수 있을 것 같았다. 사이트에는 유일하게 동창생 한 명의 연락처가 적혀 있었다. 반가운 마음에 내가 먼저 연락했다. 드디어 국세청 앞에서 동창을 만났다. 중학교 졸업 후 처음 만났지만, 서로를 알아봤다.
　그동안 살아온 서로의 이야기에 푹 빠졌다. 서로 공감할 수 있는 부분이 너무 많았다. 첫 만남에 시간 가는 줄 몰랐다. 헤어진 후 전화로 또 이야기를 이어갔다. 만나면 만날수록 예전에 느끼지 못했던 행복감이 퐁퐁 쏟았다. 무엇보다 따뜻하고 사랑스럽게 바라보는 눈빛이 나의 마음을 사로잡았다. 동창을 만나기 전에는 내 이야기에 공감해 주고 이해해 주는 사람이 없을 거라 생각했다. 그래서 힘든 일이 있어도 아무렇지 않은 척하고 살았다. 하지만 동창을 만난 이후 내 삶에 행복한 변화가 시작되었다.

부모님께 듣지 못했던 칭찬을 내게 해주었다. '*하고 싶다*'라고 말하면 '*한 번 해봐*'라고 지지해 주었다. 언제나 칭찬과 격려, 응원을 동창은 해주었다. 나의 자존감은 점점 올라갔고, 심리적 안정감과 행복감은 높아졌다. 결혼이 가져다준 새로운 나의 삶이었다. 하고 싶은 일도 많아졌다. 결혼으로 인해 나는 든든한 조력자가 생겼으며, 나의 매력과 성품을 가장 잘 아는 코디네이터와 매니저가 생겼다. 내가 원하는 것은 언제나 'OK'를 외쳐주는 단짝이 생겼다. 이렇게 결혼은 내 인생의 가장 소중하고 행복한 터닝포인트가 되었다.

부모는 내가 선택해서 태어날 수 없다. 하지만 단짝은 내가 선택할 수 있다. 결혼은 내 삶의 결과가 아니다. 내가 선택한 삶의 과정이다. 행복한 가정을 위해 한 사람의 희생이 있어야 하는 것은 아니다. 만약 자신이 희생하고 있다고 생각한다면 그 사람은 어느 순간 번아웃(burnout)이 올 수 있다.

결혼은 혼자가 아니라 함께 같은 마음으로 노력해야 한다. 그래야 내 삶과 단짝의 삶을 변화시킬 수 있는 또 다른 행복의 터닝포인트가 될 수 있다. 인생의 행복한 터닝포인트는 모두 나의 선택이다.

NO.7

정원임

❏ 소개
1. 글로벌미래교육원 대표
2. 재능환전소 대표
3. 학습코칭 전문가
4. 오프라인 강의 500회 이상
5. 학습코칭 전문 강사 20명 이상 배출
6. 전자책 2권 출판
7. 닉네임: 디노 나르샤

❏ 연락처
1. 네이버 검색: 정원임
2. 유튜브 검색: 재능발굴소

내 삶의 터닝포인트, 글쓰기로 다시 태어나다

이혼과 함께 경제적 위기가 닥쳤다. 사업을 하던 남편으로 인해 늘 불안했던 재정 상황은 이혼 후 더욱 심각해졌다. 사기까지 겹치면서 나는 절망의 끝을 마주했다. 한동안 현실을 부정하며, 과거의 상처에 매여 있었다. 하지만 그렇게 주저앉아 있을 수만은 없었다. 나는 나를 찾아야 했다. 그리고 그 방법으로 글쓰기를 선택했다.

처음에는 감정을 정리하기 위해 일기를 썼다. 하지만 점점 글을 쓰는 시간이 길어졌고, 더 깊이 나 자신을 들여다보기 시작했다. 나는 무엇이 두려웠고, 무엇이 나를 괴롭히는지를 깨닫게 되었다. 글을 통해 과거의 상처를 마주하고, 나를 억누르던 감정을 객관적으로 바라볼 수 있었다.

이혼과 경제적 어려움 속에서 나는 더 나락으로 떨어질 수도 있었다. 하지만 글쓰기는 그 어둠 속에서 작은 빛이 되어주었다. 내 이야기를 솔직하게 풀어내면서, 상처가 단순한 아픔이 아니라 내 성장의 일부라는 것을 깨닫게 되었다. 그리고 그 과정을 통해 사고의 전환이 이루어졌다. 과거를 원망하는 대신, 이제는 그 경험이 나를 더 단단하게 만들어준 것임을 받아들이게 되었다.

　글쓰기가 단순한 치유에서 끝난 것은 아니었다. 내 이야기를 담은 글을 전자책으로 출간하기로 결심했다. 처음에는 망설였다. 내 개인적인 이야기를 공개하는 것이 두려웠고, 누군가 나의 경험을 어떻게 받아들일지 걱정스러웠다. 하지만 책을 쓰는 과정에서 나는 다시 한번 깨달았다. 나의 이야기는 단지 나만의 것이 아니라, 비슷한 길을 걷고 있는 많은 사람에게 공감과 위로가 될 수 있다는 것을.
　책을 출간한 후 예상치 못한 기회가 찾아왔다. 사람들이 내 글에 공감했고, 강연과 코칭으로 이어졌다. 나의 경험과 감정을 나누는 것이 누군가에게 도움이 될 수 있다는 사실이 큰 용기를 주었다. 나는 이제 단순히 나를 위해 글을 쓰는 것이 아니라, 다른 이들에게도 변화의 계기를 제공하고 싶어졌다.

　이제는 글쓰기는 내 삶의 중요한 일부가 되었다. 감정을 정리하는 도구이자, 새로운 가능성을 여는 문이 되었다. 과거에는 외부의 평가와 상황에 흔들렸지만, 이제는 나 스스로 삶을 주도하는 법을 배웠다.
　나는 더 이상 과거의 상처에 머무르지 않는다. 글을 쓰면서 얻은 확신과 용기는 행동으로 이어졌고, 경제적 독립도 이루어 가고 있다. 이제는 강연과 코칭을 통해 더 많은 사람에게 글쓰기가 가진 힘을 전하고자 한다. 글을 쓰며 나를 치유하는 과정이었지만, 그 글이 누군가에게 도움이 되면서 자연스럽게 새로운 기회가 찾아왔다. 전자책 출간을 계기로 강연과 코칭을 시작하게 되었고, 점차 글을 기반으로 한 경제적 기반도 마련되었다. 이제는 글쓰기가 내 삶을 지탱하는 축이 되었다. 과거에는 경제적 불안 속에서 하루하루를 버텼지만, 이제는 글을 쓰는 일이 나에게 안정적인 기반이 되었다.

이혼은 끝이 아니라 새로운 시작이었다. 나는 이제 글을 통해 더 많은 사람과 연결되고, 함께 성장하고 싶다. 나처럼 삶의 터닝 포인트를 맞이한 사람들이 글쓰기를 통해 자신을 돌아보고, 새로운 길을 찾아갈 수 있도록 돕고 싶다.

그리고 또 하나의 꿈이 생겼다. 독거노인들과 함께하는 글쓰기 공동체를 만드는 것이다. 글쓰기는 누구나 할 수 있는 강력한 치유의 도구다. 외롭게 살아가는 노인들이 자신의 삶을 기록하며, 함께 이야기를 나누는 공간을 만들고 싶다. 그것이 내가 앞으로 만들어갈 새로운 미래다.

새벽이 밝아오듯, 글쓰기는 나를 변화시켰다. 절망 속에서도 다시 일어설 힘을 주었고, 과거를 딛고 앞으로 나아갈 용기를 주었다. 나는 더 이상 과거의 내가 아니다. 오늘도 글을 쓰며 나를 확장하고, 더 큰 가능성을 향해 나아간다.

NO.8

장예진

❏ **소개**

휘게 심리상담센터 대표
보육교사, 사회복지사, 평생교육사, 다문화교원 자격증
상담심리 치료 박사(PHD), 미술치료사 심리검사 전문가
1급상담심리 치료사, 언어 치료사
애니어그램 상담 강사 성폭력 상담 전문가
가정폭력 상담 전문가 학교폭력 상담 전문가
갈등조정 상담사 이마고 부부 상담사
인성지도사 1급 독서 논술 지도사
*저서: 무심에서 감성으로 감성시집(공저)
쪼가 있는 사람들의 결단(공저)

❏ **연락처**

이메일: cosmos9377@hanmail.net
블로그: https://m.blog.naver.com/jso0426/222466689265
유튜브: 장예진TV
전화: 010-2449-9377

일중독에서 벗어나 건강을 찾다

인생에서 배워야 할 가장 중요한 것은 스스로 공감하는 마음과 서로를 향한 존중과 배려의 삶이다. 그리고 긍정적인 생각과 말이다. 나는 건강하다. 나는 걷는다. 나는 정상인으로 회복된다. 몇 년 전 척추골절 사고를 겪었는데 나 혼자만 수술을 거부해서 병원에서 2주일 만에 퇴원했다. 고생은 했지만, 말한 대로 정상인으로 회복되었다.

완벽했던 일상이 무너졌다. 왜 이런 삶이 내게 왔을까? 뇌졸중 사건도 체험했다. 남편은 "*괜찮아요! 잠시 쉬라는 신호예요.*"라고 말했다. 1주일 만에 퇴원했다. 보험회사 직원이 "*전 세계에 이런 분 처음입니다.*"라고 했다. 생각을 현실에 실행해야 한다. 실천하지 않으면 아무것도 바뀌지 않는다. 기꺼이 행동하라.

내 삶을 어떻게 회복해야 할까? 나 스스로 건강한 삶을 살 수 있다고 도전했다. 기회는 위기의 옷을 입고 내게 다가왔다. 운은 타이밍이 아니라 선택이다. 8899, 234의 삶으로 도전한다.

'내 나이가 어때서? 이번에는 어떤 제목을 주실까?' 기다리는 삶이 되었다.

 나는 할 수 있다. 100권 될 때까지 할 거니까! 송수용 대표님께서 남기신 말씀을 마음 판에 새겼다. 이제는 책을 쓰는 작가로서 내 삶의 전환점이 되었다. 건강의 자신감도 회복되고 보람 있고 행복하다.

 나의 삶에서 언제나 긍정적으로 받아들인다. 글쓰기 하며 내 삶의 주인공으로 살고 있다. 가진 재능과 생각을 누군가에게 함께 나누며 성장시키는 삶이 멋진 삶이 아닌가? 모든 일은 내가 선택했기에 최선을 다하고 있다. 자신이 하는 일을 즐기고 사랑하면서 하루하루 책을 쓰는 일상의 삶이 보람 있고 행복하다.

 어떻게 환경을 바꿀 수 있을까? 매일매일 한 장씩 글쓰기를 실행하고 있다. 실행으로 건강의 자신감을 회복한다. 반복되는 일상을 행복하게 실행하고 있다. 일중독에서 무너진 나의 건강한 삶을 위해 이제야 한가지씩 내려놓게 되었다.

 내 삶의 터닝포인트가 되었다. 이제는 내가 해야 할 일에만 집중하기로 결단했다. 포기하지 말고, 도전한다. 이 상황에서 어지럼증을 극복하기 위해 먹기 시작했다.

 과거의 마음 아픈 상처는 잊어버리자. 내가 여기서 건강을 회복하지 않으면 아무런 성취감을 누릴 수 없기 때문이다. 나 자신의 마음과 생각을 바꾸었더니 남편도 힘을 얻는다.

 영종도 인스파이어 리조트로 들어갔다. 사람들이 얼마나 많은지 놀랐다. 자동차 게임도 하고 풍선 터트리기를 하는데 남편이 다 터트려서 커다란 곰돌이를 타서 내게 안겨주었다. 기분 전환을 만끽했다. 모두 돌아보고 차를 마시려고 앉았다. 여러 가지 빵과 차도 시켜서 맛있게 먹었다. 사랑하는 가족의 사랑에 감사하면서 먹었다. 다시 바닷가로 나갔다. 명절 연휴에 밖으로 태우고 나가서 추운 줄도 모르고 즐겼다.

어떤 환경이 나를 에워싸도 부정적인 생각과 마음을 가져본 적 없이 살아서 감사했다. 인생은 지금까지가 아니라 지금부터 시작이다.

가족의 행복을 위해 어떤 말을 해야 할까? 교통사고 당했을 때도 전신 마비로 장애인으로 살아야 한다고 했지만, 생각은 살아 있어서 나 스스로 용기와 희망의 말을 해주었다.

"괜찮아요! 다시 정상으로 회복될 거니까."

남편도 말한다.

"언제 어디서나 당신은 괜찮아요!"

우리가 일상생활에서 가장 많이 써야 할 말은 어떤 말일까? **바로, '고·미·감·사'다.**

NO.9

최윤정

❏ 소개
1. 윤정교육연구소 소장
2. 다수의 베스트셀러 작가
3. 저서:『내 삶을 바꾼 책』,『내 삶의 산전수전』
   『내 삶을 바꾼 귀인』,『내 삶의 감사일기』

❏ 연락처
1. 블로그: https://blog.naver.com/fancyyj
2. 메일: fancyyj@hanmail.net

건강을 잃고서야 찾은 운동

내 삶의 터닝포인트는 운동이었다. 정확히 말하면, 나빠진 간 덕분에 운동을 시작했다.

마흔이 되자 몸이 예전 같지 않았다. 스트레스를 풀겠다며 남편과 매일 밤 술을 마셨고, 건강검진에서 늘 무심히 지나쳤던 r-GTP 수치는 어느덧 200을 기록했다. 정상 범위는 6~42IU/L. 검진을 맡은 의사는 놀라며 물었다.

"이 수치는 매일 술을 마시는 영업사원들에게서 나오는 수준인데요. 무슨 일을 하시길래 이렇게 나오죠?"

나는 간단히 대답했다.

"남편과 매일 술을 마셨어요."

그러자 의사는 단호하게 말했다.

"여성이 남성과 똑같이 술을 마시면 건강을 잃습니다."

병원에서 약을 처방받고 돌아온 후, 소화기내과 의사인 사촌 오빠에게 검진표를 보여주었다. 그는 짧고 강하게 말했다.

"살 빼고, 운동하고, 절대 금주해."

매일 술을 마신 탓에 몸은 무겁게 불어 있었다. 심지어 무알코올 술조차 마시면 안 된다는 말에 현실을 직시할 수밖에 없었다.

'알코올이 조금이라도 들어가면 수치는 다시 오른다.'라는 경고가 머릿속을 맴돌았다. 건강을 되찾기 위해 운동을 해야만 했다.

그렇게 2016년, 오랫동안 꿈꿔왔던 발레를 시작했다. 성인 초급반은 주 2회, 월요일과 금요일에 진행되었다. 목표는 단 하나 '*일주일에 한 번이라도 꼭 운동하자*'였다.

발레학원에 가보니 이미 몇 년씩 배운 사람들이 대부분이었다. 하지만 나는 주눅 들지 않기로 했다.

'이제 시작한 거잖아. 시간이 필요해. 하다 보면 되겠지.'

그렇게 스스로 다독이며 나아갔다. 문제는 내 몸과 머리가 따로 놀았다는 것이었다. 순서를 따라가는 것도 힘들었고, 자세를 신경 쓰면 동작이 어긋났다. 상체를 움직이면 하체가 멈췄고, 하체를 움직이면 상체가 굳었다.

어느 날, 선생님이 말했다.

"*새끼발가락에 힘을 주고 서세요.*"

하지만 도무지 감이 잡히지 않았다. 결국 선생님의 양말을 벗기고 직접 물어보며 하나하나 배워갔다. 그렇게 조금씩 발레에 빠져들었다.

"*몸은 벽에 기댄 듯, 무릎과 발은 턴 아웃, 엉덩이는 집어넣고, 어깨는 펴고, 목은 주름이 없게 들고, 이마를 보세요.*"

선생님의 설명은 한국어였지만, 내게는 마치 외국어처럼 들렸다. 머리로는 이해되는데 몸이 따라주지 않았다. 동작을 틀리고, 순서를 잊고, 매번 새롭게 배우는 기분이었다.

5개월 후, 드디어 중급반에 올라갈 수 있었다. 여기서 '중급반'이란 '순서를 따라올 수 있는 수준'을 의미했다.

성인 발레반의 사람들은 각자의 사연을 가진 채 모여 있었다. 건강을 위해, 삶을 위해 운동하는 사람들이었다. 주 3회 수업을 들으며 발레는 내 삶의 중심이 되었다. 월·금 8시, 화·목 7시 30분. 최소 주 3일, 가능하면 주 4일.

저녁 약속은 줄었고, 업무는 운동 전에 끝내려 노력했다. 가족과 친구들은 불만을 터뜨렸지만, 나는 내 선택을 지켰다. 그렇게 4년이 흘렀다.

처음 시작하며 '5년은 꾸준히 해보자'라고 다짐했다. 과거에도 여러 운동을 시도했지만, 모두 6개월을 넘기지 못했다. 이번만큼은 지키고 싶었다.

비가 와도, 바람이 불어도, 영하의 날씨에도 나는 운동을 멈추지 않았다. 이제 내 목표는 발레 프로필 사진을 찍고, 시니어 발레 공연에 서는 것이다. 매년 무대에 올라 발레를 작품으로 남기고 싶다.

이 새로운 취미는 내 삶에 큰 원동력이 되었다. 꾸준히 해낸다는 성취감, 목표가 있다는 설렘. 무엇보다도 '**나는 꾸준히 할 수 있는 사람이다**'라는 확신을 얻었다.

그리고 한 가지 더.

발레는 어린아이들만 하는 운동이 아니다. 누구나, 언제든, 시작할 수 있다. 나는 시니어 발레단을 만들어서 오래도록 함께하고 싶다.

NO.10

심푸른

❏ **소개**

1. 전남대학교 석, 박사학위 취득
2. 대한웰다잉협회 전문 강사
3. 대한웰다잉협회 광주 남구 지회장
4. 노인 사별 배우자 전문상담사
5. 노인통합교육지도사
6. 노인심리상담사
7. 한국자서전협회 광주지부장
8. 닉네임: 심프로, 로초 박사

❏ **연락처**

1. 메일: mindonbook@naver.com
2. 블로그: https://blog.naver.com/simbluebook

경험의 씨앗이
튀어 오르다

모든 경험은 소중하고 재화로 이어진다. 우물쭈물하다간 아무것도 못 한다는 생각에 나는 늘 조급한 마음을 내려놓지 못했다. 무직 상태가 두려워 직업으로 삼을만한 학문을 전공으로 선택한 것이 사회복지다. 본격적으로 사회복지 공부를 위해서 석사과정과 박사과정에 지원하고 돌입하느라 7년여 동안을 공들였다.

나는 이렇게 여러 가지 학습 준비로 시간과 돈을 투자하면서 다양한 경험을 축적했다. 이제 이 경험과 노하우로 실무에서 역량을 발휘하려고 한다. **내가 오랜 시간 배움에 올인하기까지는 터닝포인트가 뒷받침되었기 때문에 가능했다.**

터닝포인트는 인생의 전환점을 말한다. 내가 정의하는 터닝포인트를 연령대별로 굵직하게 겪은 일들을 모아보려고 한다. 몇 개의 터닝포인트가 모여서 티핑포인트를 이루었다. 티핑포인트(tipping point)의 사전적 정의는 튀어 오르는 포인트를 말한다. 즉 어떠한 현상이 서서히 진행되다가 작은 요인으로 한순간 폭발하는 것을 말한다.

내가 쌓아 올린 피땀 흘린 작은 경력이 모여서 그 효과가

부가적으로 작용한다면 인생의 터닝포인트는 계속해서 일어나면서 티핑포인트를 만들어낼 것이다.

이처럼 티핑포인트란 노력해 둔 것들이 어떤 계기를 만나 **폭발적으로 상승하는 순간**을 말한다. 그러나 내 경력이 갈수록 여물어가는 것이 아니라 아무도 찾지 않고 오히려 저물어가는 것처럼 느껴져서 의욕이 꺾일 때 나를 이끌어 올릴 그 무언가가 필요했다. 그것이 바로 전환점의 **반복**이었다.

내가 겪은 산전수전을 돌아보면 터닝포인트가 한두 개가 아니다. 이는 삶이 잔잔하게 강물같이 흐르는 게 아니었다는 뜻이다. 맹렬한 사색과 고민과 고통 뒤에 결연한 각오가 뒤따르고 그만큼 아픔이 동반되었다.

내 삶에서 터닝포인트는 크게 세 가지가 있다. 연령대별로 구분해 보면 **30대**, **40대**, **50대**로 이어진다.

- ✓ **30대**

출산과 육아 속에서도 꿈을 찾다가 독서회사를 만났다. 그곳에서 꿈같은 시간을 보냈다. 내 꿈을 펼치고 내 능력을 발휘할 만큼 한껏 에너지를 끌어올려서 일했다. 귀인을 만나서 내 위상이 올라가는 것을 만끽했고 비전과 꿈이 삶의 전부인 것처럼 살았다. 그러다 내 의지와는 상관없이 회사가 처한 환경악화로 다시 넘어지고 말았다.

- ✓ **40대**

방랑자처럼 다양한 곳을 드나들며 일하다가 비정규직 공무원이 되었다. 비교적 시간이 여유롭고 업무도 간단해서 야간에 공부하였다. 내가 하는 일이 내 자신의 가치보다 낮다고 생각할 때 나는 여지없이 나를 끌어올리고 자존감을 회복하려고 온갖 노력을 했다. 마침내 **최종 학력을 더 높이기 위해서 40대 후반을 다 썼다.**

✓ **50대**
3. 40대 소수의 영향력을 발휘해서 석, 박사학위를 취득하기에 이르렀다. 그리고 20대도 놀고 있다는 박사 백수가 되지 않기 위해서 수없이 취업의 문을 두드리기 시작했다.

우연한 기회에 웰다잉 공부를 하게 되어 대학원 한 학기 분량의 공부를 하고 자격증을 따서 강사 활동에 매진했다. 이어서 자서전 쓰기를 알았다. **이 모든 것은 내가 배우려고 열어 놓은 문으로 들어온 기회의 조합이었다.**

그동안 내 삶의 방향 제시를 위한 터닝포인트를 준비해 왔고 이제 티핑포인트를 기다리고 있다. **지금이 티핑포인트의 시작점이고 작은 시도가 큰 성공으로 이어질 것이라고 본다.**

많은 사람이 터닝포인트를 준비하다가 지치고 쓰러져서 일어서지 못한다. 이에 풀꽃처럼 생명력 있는 **나의 경험이 누군가에게 운명처럼 다가가 터닝포인트가 될 것을 믿는다.**

2장

평범하던 내가 작가가 되었다

11. 강화자
평범하던 내가 작가가 되었다

12. 김순란
'부도'의 아픔이 '목회자'로 이끈 길

13. 정소영
삼 형제를 잘 키우기 위해 내 꿈을 펼치다

14. 신두호
어려움은 변화와 성장의 기회

15. 양 선
살기 위해서 글을 썼다

16. 이시우
나에게도 나의 사랑을 받을 자격이 있다

17. 김 정
보험 영업인의 길과 나만의 사무실

18. 한준기
4번의 인생 전환점

19. 김미옥
도전, 엄마의 책 읽기 공부

20. 조대수
되면 좋고, 안 되면 더 좋고

NO.11

강화자

❏ **소개**
1. 1인 기업가 공감 톡 브랜딩 대표
2. 최고의 강사
3. 꿈짱 코치 4050 직장인
4. 책을 만나서 꽃 핀 내 인생 (전자책)
5. 저서:『내 삶을 바꾼 책』『내 삶의 감사일기』
   『내 삶을 바꾼 질문』『내 삶을 바꾼 습관』
   공저 베스트셀러 작가
6. 유튜브 채널 운영 : 북소리꿈쌤

❏ **연락처**
1. 네이버 검색: 강화자 저자
2. 블로그 검색: https://blog.naver.com/kffh336

평범하던 내가
작가가 되었다

학창 시절, 꿈이라는 단어를 생각해 본적 없이 시골 작은 초등학교를 졸업했다. 초등학교 6년 동안 같은 반 친구들과 계속 공부했다. 우리 형제, 자매 6남매로 고생하시는 부모님의 모습을 보며 무작정 사회에 나가서 돈을 벌었다. 취업 후에 꾸준히 직장 생활을 했다. 막연하게 돈을 많이 벌고 싶었다.

부모님과 떨어져 경기도 안양에서 직장 생활을 5년 6개월간 했다. 결혼 후에 아이들 낳고 키우면서 살았다. 우리 아이들이 저학년 때 방송통신대학교에 입학 원서를 냈다. 1학년 1학기에 교과서 5권을 받고 집에서 책을 읽고 컴퓨터로 강의를 듣고 공부했지만 쉽지 않았다. 온전히 나 자신과 싸움이었다.

공부는 1학기 중간고사, 출석, 기말고사, 과제물까지 쉬운 것은 하나도 없었다. 모든 것은 나의 선택이고, 나의 몫이었다. 혼자서 스스로 공부하며 또 다른 배움을 시작했다. 집에서 컴퓨터로 강의를 듣다가 힘들면 누워서 잠시 휴식 시간을 가졌다.

집에서 공부하면 집중력이 많이 떨어졌다. 집에 있는 집안일들이 머릿속에 떠올라서 공부에 집중할 수가 없었다. 우리 동네에서 가까운 청소년 공부방에서 종일 책을 읽었다. 300원을 지불하면 하루 종일 공부방 사용할 수 있었다. 집에서 가져간 도시락으로 점심밥을 먹고 오후까지 열심히 시험공부를 했다.

공부를 시작하고 6년 만에 졸업장을 받았다. 결혼 후에 생활 보육교사 자격증을 취득한 후 어린이집 입사를 했다. 교사 생활 5년 정도 했을 때 나도 직접 어린이집을 운영해 보고 싶다는 생각을 마음속에 갖기 시작했다.

시설인가가 날 수 있는 아파트에 월세를 얻어 시작하려 했지만, 월세가 높고 평수가 작았다. 아파트 평수가 넓지 않아서 인가를 받는다고 해도 영아 수용인원이 15명으로 적었다. 작은 월세 아파트로 운영하기보다 대출받아 매매한 아파트로 어린이집을 차리려고 했지만 동 대표라는 분이 어린이집을 못 하게 다른 주민들까지 선동하여 반대했다. 아파트 입구에 반대한다는 플래카드를 걸었다. 너무나 억울하여 눈물이 많이 났다.

내가 비싼 돈으로 대출받고 자가에서 어린이집을 운영하는 게 잘못인가?. 단지 안에 다른 어린이집이 있어서 그런지, 힘들었던 상황에 거의 2~3년 동안 고군분투했다. 매매한 집에서 어린이집을 차리는 것을 포기했다. 그런 상황 속에 마음이 아팠다.

그때 내 옆에 말없이 나를 지켜주는 친구 같은 책을 만났다. 매일 롯데몰 지하 영풍문고를 갔다. 매대에 놓인 자기 계발서를 읽었다. 꿈을 꾸고 열정적으로 살았다. 책이 내 삶의 가장 큰 터닝포인트가 되었다. 책을 읽고, 블로그 글쓰기, 감사 일기, 유튜브, 말씀과 찬양, 예배에 참석했다.

블로그를 통해 전자책 전문가인 나연구소 우경하 대표를 알게 되었고 그의 수업을 통해 내가 가장 바라던 『책을 만나서 꽃 핀 내 인생』 전자책을 냈다. 책을 내고 네이버에 작가로 인물 등록을 했고 [꿈 너머 꿈 서점]을 운영한다.

내 인생의 변화를 꿈꾸며 7~8년을 매일 같이 치열하게 책을 읽었다. 2024년부터 우경하 대표가 진행하는 옴니버스 공저 프로젝트에 꾸준히 참여하고 있다. 책 한 권을 쓰기에는 부담스러운데 한 달에 한 꼭지만 쓰면 되어서 좋다.

"구하는 이마다 받을 것이요, 찾는 이는 찾아낼 것이요, 두드리는 이에게는 열릴 것이니라." (마태복음 7:8)

글쓰기도 꾸준히 실천하는 것이 좋다. 하루를 긍정적으로 시작하는 데 도움이 된다. 나의 작은 성공 루틴 습관은 하루 중 틈틈이 집중력을 높여주는 시간에 책을 읽는다. 몸이 나른하여 집중력이 떨어질 때 따뜻한 커피나 간식을 먹는다. 혼자 보내는 시간이 지루하거나 불편하지 않다. 남들이 좋다고 말하는 것보다 내가 좋아하는 것을 하면서 살고 싶다. 내 인생의 주인공은 "나"다. 빛나는 인생 강화자 작가로 살고 있다.

"성공은 한 번의 큰 도약이 아니라 수많은 작은 걸음들의 모인 결과다." 헨리 포드가 말했다. 나의 가능성과 잠재력을 믿고 글쓰기를 실천하는 시간이 행복하다, 그런 강한 마음 책을 통해서 배우고 쌓아가는 것이 회복탄력성이라고 생각한다. 스스로에게 *"잘될 거야"*라는 다짐하고 가벼운 마음으로 글을 썼다. 지금까지 쓴 글을 대표님께서 읽어 보고 점점 원고가 자연스럽고 진솔한 글을 쓴다고 칭찬해 주었다. 메시지를 읽고 기분이 좋았다.

평범하던 내 인생이 책을 읽고 쓰면서 변했다. 글을 쓰고 책을 쓰는 작가로 살아가는 내 인생이 참 좋다.

NO.12

김순란

❏ 소개
1. 구미호헌총신 학장
2. 축복장로교회 담임목사
3. 사)대구성시화운동본부 부본부장
4. 사)비라카미선교회 이사
5. CBS 대구방송국 운영이사
6. 철학 박사
7. 호: 소향

❏ 연락처
1. 네이버 검색: 김순란목사
2. 유튜브 검색: 구미호헌총신

'부도'의 아픔이
'목회자'로 이끈 길

"아버지~~~~" "아버지~~~~"

새벽마다 목이 터져라 부르짖었다. 눈물밖에 나오지 않았고, 오직 애타게 '아버지'를 찾을 수밖에 없었다. 어릴 때부터 새벽같이 일어나서 일하는 게 습관이 된 나는 결혼을 해서도 누구보다 열심히 밤낮을 가리지 않고 부지런히 살았다. 시부모님을 모시며 네 자녀를 키웠다.

남편의 자전거 사업을 도와 가며 하루가 어떻게 가는지도 모르게 바쁘게 뛰어다녔다. 지금으로부터 30여 년쯤 IMF의 위기를 맞았다. 남편이 하던 자전거 부품 사업이 하루아침에 '부도'를 맞게 되었다.

가슴이 철렁 내려앉았다. '이제 어떻게 살지?', '우리 가족은 어떻게 이 위기를 벗어나지? 나는 이제 무엇을 어떻게 해야 할지 막막하고 답답한 마음뿐이었다. 내가 매달릴 곳은 단 한 군데밖에 없었다. 교회 기도실에 엎드려 무릎 꿇고 목 놓아 외쳤다.

"아버지 내가 무엇을 잘못했나요?", "아버지 나 착하게 살았잖아요?", "아버지 나 누구보다 열심히 살았잖아요?"

답을 얻을 때까지 몸부림치고 외치며 기도했다. 어느 날 하나님의 응답 말씀이 느껴졌다. *"니 말이 다 맞다. 그래서 너를 나를 위한 진정한 사명자로 쓰려고 새 길을 여는 것이니 나를 믿고 순종하면 앞으로 네 자녀를 책임져 주겠다"*라는 마음을 주셨다.

내 삶의 터닝포인트는 그때부터 시작되었다. 어릴 때부터 '사명자'라는 소리를 듣고 자랐지만, 감히 내가 할 수 있으리라고 생각할 수조차 없었다. 그러나 부도의 위기 앞에는 순종밖에 방법이 없었다. 매일매일 그 하루에 충실하며 앞만 보고 부지런히 걸었다. 낮에는 닥치는 대로 일하고, 밤에는 검정고시를 준비했다.

어렵게 야간 신학대학에 가서 하루도 빠지지 않고 열심히 공부했다. 말씀이 꿀송이처럼 달았고 새로운 신학의 세계에서 참된 위로와 회복의 기쁨을 맛보았다. 답답했던 마음이 풀리고 배움을 갈구하는 마음이 점점 커졌다.

목사 안수를 받고 가정집에서부터 교회를 시작했고, 지하 개척교회를 거쳐 지금의 교회를 건축한 지 20여 년이 되었다. 30여 년을 끊임없이 사역하며 공부한 결과 상담학 박사 학위까지 취득했고, 구미호헌총신 학장이 되었다.

전국에서 힘들고 어려운 가슴앓이하는 사람들을 만나 위로하며 상담하고 있다. 누구보다 힘든 시절을 겪었기에 그들의 아픔의 깊이를 진정으로 헤아릴 수 있었고, 누구보다 배고파

봤기에 결핍의 힘듦을 보듬을 수 있었다.

남편은 그 전의 자전거 부품 사업을 바탕으로 구미에서 '알리스 자이언트'라는 이름으로 전국 최고를 갱신하며 자전거 사업을 하고 있다. 아무것도 경제적으로 밀어줄 수 없었던 네 자녀는 오히려 각자 스스로 살길을 찾았다. 큰 딸과 셋째 딸은 어렵게 공부한 결과 박사 학위를 받고 단국대학교 교수로 재직하고 있고, 둘째 딸은 경북대학교 6급 공무원으로 재직하고 있으며 올해 막내 사위가 성균관대학교 의대 교수로 임용되었다.

막내 아들 내외는 올해 신학 박사 과정에 진학해 나와 같은 신학의 길을 밟고 있다. 그간 배운 가장 큰 깨달음은 *'하루하루를 감사하며 열심히 살자'*라는 가치관이었다. 막막한 미래를 보지 말고 하루하루를 충실히 감사하며 열심히 살다 보면 생각하지 못했던 미래가 준비되어 있을 것이다.

앞으로도 나는 내가 힘들었던 순간에 극복한 힘을 가지고 어렵고 힘든 분들을 만나서 그들을 세우고 회복하는 사역을 해 나갈 것이다. 목회자의 사명을 걸으며 변화되고 회복되는 분들을 보면서 행복하고 감사하다. 목회자의 사명이 내 삶의 가장 큰 터닝포인트다.

NO.13

정소영

❏ 소개

1. Top 인재개발원 대표
2. 한국과학창의재단 진로컨설턴트
3. 교육청 부모교육연수강사
4. 통일부 국립통일교육원 교육위원
5. 김천소년교도소 취업교정위원
6. 前)김천대학교 겸임교수
7. 前)국민연금공단 노후준비민간강사

❏ 연락처

1. 구글 검색: 탑인재 정소영
2. 네이버 검색: 탑인재 정소영

삼 형제를 잘 키우기 위해 내 꿈을 펼치다

"야! 너희 이게 뭐니?" "아이고야"

오늘도 아침부터 전쟁 같은 아이들과의 육아 속에 나도 모르게 아우성이 나온다. 어릴 때부터 아이들을 좋아했던 나는 선생님이 꿈이었을 정도로 아이들과 함께하고 싶었다. 지나가는 아이들만 봐도 예쁘고 사랑스러웠다. 나중에 결혼하면 아이들을 정말 잘 키워야겠다는 야무진 꿈을 갖고 있었다.

결혼 후 애타게 기다리는 마음속에 첫 아이가 태어날 때의 감격은 잊을 수가 없다. 온 집안 식구와 지인들이 기뻐하며 축하해 주었고, 너무나 사랑스러웠다. 나도 막연히 잘 키울 수 있을 것 같았다. 2년 뒤 둘째가 태어나고 형제를 보니 기쁨이 2배였지만 그만큼 힘든 순간도 많았다.

형제를 어느 정도 키우다 보니 딸에 대한 욕심이 생겼다. '예쁜 딸을 낳으면 얼마나 좋을까?'라고 생각했는데 모든 식구의 기대를 한 몸에 받고 놀랍게도 예쁜 아들이 태어났다.

그때부터 삼 형제와의 하루하루는 새벽부터 밤늦게까지 좌충우돌 육아와의 전쟁이었다. 가슴이 답답하고 한숨이 저절로 나왔다.

그렇지만 잠든 아이들의 모습을 보면 또 얼마나 사랑스러운지... 그렇게 내 아이들을 잘 키워야겠다는 생각만으로 10여 년을 육아에 전념했다.

어느 날 문득 잠든 아이들을 보면서 생각했다. '아이들은 계속 커지고 있는데 나는 지금 뭐지?' '아이들이 다 큰 후에 뭘 하지? 나 자신의 꿈을 찾아서 내가 정말 좋아하는 일을 하면 아이들도 더 잘 돌볼 수 있을 것 같았다.

내 삶의 터닝포인트는 지금으로부터 20여 년 전, 육아에만 전념하던 시절 내 아이를 더 잘 키우기 위해 부모로서 꿈을 찾은 일이다. 처음부터 내 꿈은 거창하지 않았다.

꿈은 아이들의 성장과 연결되었다. 삼 형제가 초등학생이었을 때는 학교 폭력이며 성폭력과 같은 폭력 예방에 관심이 있어 공부하며 교육하게 되었고, 소년교도소에서 아이들과 상담하며 인성교육을 통해 단 한 명이라도 새로운 인생을 살아가길 간절히 바라는 마음으로 교육했다.

특별 교육으로 상담하면서 아이들의 문제가 아니라 부모가 변해야 하는 문제라는 생각이 들면서 다시 부모 교육에 매진하게 되었다. 삼 형제가 중고생이 되면서 사춘기로 힘들었고 방황하는 모습 속에 또래 교육과 성장기 자녀를 위한 미래 진로 및 비전 교육을 하게 되었다.

어느새 큰아들이 군대에 가게 되면서 장병들에게 관심이 생겼고 '군 장병 독서 프로그램'과 청년으로서 앞으로 사회 진출할 발판을 만드는 강의를 하고 있다. 그러다 보니 내 영역은 한없이 뻗어 갔다.

　김천교도소에서 취업 교정 위원으로 취.창업교육과 인성교육을 병행해서 강의하고 있고, 병무청 사회복무연수원에서 청년들을 대상으로 미래를 위한 꿈을 키우는 연수 강의를 하고 있다.

　어리게만 느껴졌던 삼 형제는 어느새 성장하여 큰아들과 둘째는 올해 산업공학과를 졸업하고 공학도로서의 꿈을 펼치고 있고, 막내는 전기공학을 전공하다가 상병으로 군 생활을 늠름하게 잘하고 있다.

　나의 가장 큰 자랑은 삼 형제요 삼 형제를 잘 키우기 위해 선택했던 꿈이 내 아이들은 물론 나를 잘 키울 수 있는 역량이 되었다.

　현재 Top인재개발원 대표로서 부모교육, 인성교육, 펀리더십, 조직 활성화, 취.창업 컨설팅, 노후 설계, 미래 트랜드 교육까지 펼치고 있다.

　강의를 통해 방황하고 힘들어하는 분들과 소통하며 꿈을 지지하고 새로운 인생을 설계할 수 있도록 돕는 일에 보람을 느끼며 감사할 뿐이다. 일상에서 작은 변화와 기쁨을 맛볼 수 있기를 바라는 마음으로 오늘도 강의에 나선다.

　삼 형제를 잘 키우기 위해 부모로서의 꿈을 찾은 것은 내 삶의 가장 큰 터닝포인트다.

NO.14

신두호

❏ 소개

1. (주)프레스티지코스메틱코리아 대표이사
2. 피부 미용사 국가기술자격증 보유
3. 스킨케어 브랜드(더마 사이언스/DPS/비씬 등) 런칭
4. 에스테틱 브랜드(레파차지/산수시) 최초 홈쇼핑 런칭
5. 공저: 『내 삶을 바꾼 습관』 작가
6. 서울 대학교 EMBA 경영대학원 석사
7. 워싱턴 주립 대학교 경제학 학사

❏ 연락처

이메일: dooho3323@naver.com

어려움은
변화와 성장의 기회

나이 마흔을 넘기면서 그동안 내가 어떻게 살아왔었는지 돌아보는 시간을 종종 갖고 있다. 그러면서 이 마흔이라는 숫자는 내 삶의 터닝포인트 시점이라는 것을 발견할 수 있었다. 단순히 나이 40, 앞자리 3이 4로 변했다고 해서 내 삶의 터닝포인트라고 느끼는 것은 아니다. 나이 40이 된 2020년 코로나 팬데믹이 내 삶을 송두리째 바꿔놓았기 때문이다.

2020년 이전까지 내가 운영하는 사업은 큰 어려움 없이 순탄히 운영되고 있었다. 그러다 2020년 초 전 세계적으로 코로나 팬데믹이 발생했다. 우리 회사의 메인 거래처는 전문 피부관리실이었기에 매출은 즉각적으로 곤두박질치기 시작했다. 그동안은 실패해도 밑에 safety 그물망이 있는 안정적인 환경이었기에 아무 도움을 받을 수 없는 상황에 내 던져졌을 때 헤쳐나갈 준비가 전혀 안 되어있었다. 가장 큰 일은 내가 이렇게 준비가 안 된 상태라는 것을 일이 터지고 나서야 깨닫게 되었다는 것이었다.

초반에는 '어떻게든 되겠지'라고 생각했다. 지금 생각해 보면 사업을 운영하는 사람이 어떻게 이렇게 안일하게 생각했는지 헛웃음만 나온다. 하지만 3개월, 6개월, 8개월… 시간이 흐를수록 상황은 더 심각해져만 갔다.

내 마음도 이 시간 동안 불안감만 쌓여 초조한 하루하루를 보내고 있었다. 그러다 누군가의 추천으로 사이먼 사이넥의 『나는 왜 이 일을 하는가?』라는 책을 읽게 되었다. 이 책을 통해 큰 영감을 얻었고 내 사업을 바라보는 관점을 바꿀 수 있었다.

이 책을 요약하면 저자는 기업과 리더들이 '무엇을(WHAT)/어떻게(HOW)' 하는지 강조하기보다 가장 먼저 '왜(WHY)' 하는지를 명확히 정의해야 한다고 주장한다. 그러나 많은 리더가 일을 하면서 왜는 생각하지 않고 '무엇을'과 '어떻게'에 집중한다. 왜냐하면 너무도 당연히 '왜=돈을 벌기 위해'라고 대부분 생각하고 있기 때문이다. 여기서 여행하기 위해, 어려운 이웃을 돕기 위해 등 이런 이유들은 궁극적으로 돈을 벌어 이것들을 실행하기 위해서란 점에서 '돈을 벌기 위해'라는 이유와 같다고 볼 수 있다.

나는 이 '돈을 벌기 위해'가 사업의 왜라는 이유로 적절치 않다거나 나쁘다고 말하고 싶은 생각이 전혀 없다. 사업의 목적은 수익을 내는 이익 추구이기 때문이다. 이 책을 읽기 전까지 나도 이 목적으로 사업을 운영했다. 하지만, 이 책에서는 진정한 영감을 주는 리더는 '왜'가 단순히 이윤 창출이 아닌 조직의 존재 이유, 신념, 사명과 관련된 요소라고 말한다. 나에게 100% 빠져있는 부분이었다. 내가 왜 이 일을 해야 하는지는 30초도 생각하지 않았던 것 같다.

힘든 상황에서 나에게 질문하기 시작했다. '왜 이 사업을 하고 싶은가? 가족이 30년 넘게 운영한 사업을 내가 운영을 잘 못해서 끝낸 것처럼 보이기 싫어서. 왜 그렇게 보이기 싫은가? 내가 무능력해 보이기 싫어서. 왜 무능력하게 보이기 싫은가? 주변 사람, 가족에게 인정받는 사람이 되고 싶어서. 왜 인정받는 사람이 되고 싶은가? 자신감 있게 나의 삶을 살고 싶어서.'

 이런 질문들을 통해 '자신감'이란 키워드가 내 삶에서 가장 중요하게 생각하는 가치라는 것을 깨달았다. 그때부터 어떻게 이 자신감을 채울 수 있을지 고민하기 시작했다. 어려움에 직면한 이유가 경영적인 면에서 부족했기 때문이란 것을 깨닫고 대학원에 들어가서 공부했고, 이를 기점으로, 취미로 읽던 소설책이 아닌 자기 계발 도서, 인문학 도서 등의 책을 가까이 두기 시작했다. 결론적으로 나의 자신감을 높이는 일들에 집중했고, 어려운 시기를, 자신감을 키우며 극복해 냈다.

 이전까지는 사업을 하는 이유는 돈을 벌기 위해서라고 생각하며 살았는데 나는 그것보다 더 큰 가치를 원하고 있었다. 하지만, 그것을 전혀 알지 못해 '무엇'과 '어떻게'에 집중해서 일하다 보니 답을 찾을 수 없었던 것이다.

 코로나 팬데믹이 나에게 기존에 경험해 보지 못한 어려움과 두려움을 안겨줬고, 나는 책에서 답을 찾으며 이를 극복해 냈다. 만약 코로나 팬데믹이 없었다면 나는 현실에 안주한 그저 그런 사업가로 평생을 살았을지 모른다. 삶의 어려움을 피하지 않고 정면으로 맞선다면 그 순간 내 삶의 터닝포인트를 만날 수 있다는 것을 배울 기회가 나에게 있었다는 것에 감사한다.

NO.15

양 선

❏ **소개**
1. 여여나무연구소 대표
2. 여여나무연구소 출판사 대표
3. 체질 직업전문가, 기획 프로그램전문가 [心記心出]
   당신 인생 운전대 안녕하신가요?
4. 한국작가협회 이사겸 김해지부장
   한국자서전협회 김해 지부장
5. 전자책, 공동저서, 장애인 전자출판, 재활전문서적,
   자서전 출판 전문,
6. 전자책, 종이책 기획포함 20권이상 출판 현재 계속 진행
   옴니버스 시리즈 1편 ~5편까지 베스트셀러 등극
   6편 내 삶의 질문 곧 3월에 출간 예정
7 부산 경남 출판기념회 프로젝트 진행 중
8. 부산진구봉사센터 캠프장 가야2동 5년차

❏ **연락처**
1. 네이버 검색: 양선
2. 블로그 검색: https://bing.naverc.om/

살기 위해서 글을 썼다

　내 인생의 전환점은 많았다. 그중 제일 크게 차지한 전환점은 살기 위해 시작한 글쓰기 책 쓰기였다. 정말 살기 위해서 글을 썼다. 쓰기 전에는 온몸에 통증을 갖고 생활했었다. 경험하지 못한 사람은 얼마나 힘든지 모를 것이다. 진통제를 맞아도 통증은 늘 나를 괴롭혔다.

　코로나19로 인해 아픔, 슬픔, 새로움 등 여러 가지 마음이 생겼고 내 신체는 환자가 되어 가고 있었다. 어느 날 집안일을 마치고 잠시 쉬면서 핸드폰으로 블로그를 보고 있는데 '전자책 출판'이라는 말이 두 눈에 들어왔다. 처음엔 '이게 뭐지, 기계로 쓰는 책인가?'라는 생각이 들었고 관심이 갔다.

　블로그에 무심결에 인사하고 "멋지십니다"라고 댓글을 달았다. 한참 후에 "감사합니다" 하고 답변이 왔다. 며칠 후에 '4인 4색 전자책 신인 작가 모집'이라는 글이 올라왔다. 모집 기간은 남아 있었고 착한 금액이다. 그러나 자신이 없었다.

　난 글도 잘 못 쓰고 책과는 완전히 담을 쌓은 사람이었다. 엄마, 며느리, 아내로 아파도 매일 통증을 느끼면서 집안일을 해야 했다. 쉬고 싶어도 쉴 수 없는 너무나 슬프고 힘든 상황이었다. 어느 가정이나 다 똑같을까? 남편이나 자녀가 아프면 아내가 다 해야 한다.

나만의 생각이지만 내가 아프면 다들 왜 아프냐며 핀잔을 주어 속이 상하기도 한다. 이 고통에서 빠져나올 방법을 나 혼자서 찾고 있었다. 코로나19로 내 몸이 더 망가지는 모습이 싫어 돌파구를 찾는 중이었다. 그때 블로그에서 '전자책 출판'이라는 말이 내 두 눈 들어 왔다. 어떻게 보면 통증을 잊어버리려는 나의 몸부림이었을 것이다.

고민하다가 무작정 신청했고 줌으로 참가자 미팅을 했다. 처음에는 어떤 내용을 어떻게 써야 할지 막연했다. 코치해 주는 작가님에게 손을 내밀었다. 현재 내가 무얼 어떻게 글을 작성할지 모르겠다고 하고 시아버님 병간호 한 일을 말했다. 작가님은 우선 작성을 해보고 그다음 정리를 같이하자고 했다.

몸이 아파 더 어렵다고 하니 할 수 있는 만큼 해보라고 다독여 주었다. 그 후 이틀은 생각이 안 나서 그냥 있었다. 시아버님 병간호 한 일을 머릿속으로 정리했다. 그 후 노트북과 스마트폰으로 번갈아 가면서 글을 쓰기 시작하였다. 너무나 힘들었다. '내가 괜히 했나?'라는 생각도 들었고 나 때문에 출판이 늦어지면 안 된다는 부담도 컸다. 처음이다 보니 이런저런 여러 가지 생각으로 머릿속이 너무나 복잡했다.

'내가 글 쓰는 방법이 잘못되었나?'라는 생각을 수시로 했다. 그러다 하나의 사실을 알게 되었다. 집중해서 글을 쓸 때는 통증을 잊을 수 있었다.

처음은 그 부분을 못 느꼈다. 통증을 참아가며 집안일, 식구들 챙기기, 약 먹고 자기를 반복하고 있었는데 시간을 내어 글을 쓸 때는 통증을 거의 느끼지 못했다.

이런저런 혼란 속에 시아버님 병간호했던 이야기를 적어 내려갔다. 그리고 윤 작가님께 개인 코치를 받고 전자책 등록하면서 알았다. 글 쓰는 자체가 나에게 힐링이 된 동시에 진통제가 되어주었다는 것을 말이다.

난 다른 사람들보다 모든 신체가 예민한 편이다. 미리 걱정하고, 못 하면 안 되고, 모든 다 잘해야 한다는 강박증이 있다 보니 더 몸이 아프기도 했다.

이번 이 글을 쓰면서 아프기보다는 마음이 더 편해졌다는 느낌 받았다. 집안일을 하면서 글을 써야 한다는 생각에 아픈 통증이 점점 줄어든다고 생각하게 되었다. 그렇게 죽을 만큼의 아픔도 글을 쓰면서 점점 통증이 줄어가는 것을 느끼며 나에게 정말 좋은 인생의 큰 전환점이 글쓰기란 것을 처음 알았다.

전자책을 출간하면서 단체 출간 기념회도 했다. 너무나 행복했다. 이 마음 직접 겪어 보지 못한 면 알 수 없을 것이다. 제목처럼 "살기 위해서" 글은 나의 처방전이고 행복이며, 직업이자 삶의 큰 희망이다.

내 삶은 글쓰기를 통해 변했다.

NO.16

이시우

□ **소개**

시인 이시우

'적절한 시기에 당신에게 내리는 비'라는 뜻입니다. 저는 매 순간 저 자신에게 돌아가도록 노력했습니다. 많은 순간을 마주하고 저 자신을 사랑하는 방법을 찾기 위해 시를 써왔습니다. 이제는 애썼던 발자국들을 시집으로 엮어 독자 여러분에게 작은 위로의 집을 선물하고 싶습니다.
저는 진심의 힘을 믿습니다. 제 시가 당신에게 조금이나마 행복을 선사하고, 바쁜 일상 속에서도 잠시 물러나 내면을 돌아볼 수 있는 여유를 선물하기를 희망합니다.

□ **연락처**

1. instagram.com/dltldn_stories
2. blog.naver.com/lee_shiwu

나에게도 나의 사랑을
받을 자격이 있다

turning point

'잘 하고 있어.'

아침 이부자리를 박차고 나올 때 나에게 건넨 첫 인사였다. 언제부턴가 나는 아침부터 마음을 다독이며 시작하게 되었다. 인생은 어느 순간, 마치 중력을 받는 듯 관성적으로 달려가기 시작했다. 달리는 기차에서 뛰어내릴 사람은 아마 없을 것이다.

그러던 어느 날 나에게 기회가 찾아온 날이었다. 평소 업무상 지인으로 알고 지내던 분이 자신의 **'딱 하나뿐인 모임, BNI'**에 초대하셨다. 매주 아침 여섯시에 모여서 회의를 하고 아침식사 후 각자 일터로 돌아간다는 모임이었다. 나도 꽤나 성실하고 진취적인 사람이라서 그랬을까 조금 관심이 갔다. 그리고 나를 초대해 준 지인은 평소 주위에 굉장한 영향력을 가진 사람이라 대체 어떤 모임이기에 그 모임만 남겨놓고 전부 정리했는지 이제는 몹시 궁금해졌다. BNI 모임 당일, 평소와는 다르게 나를 다독이는 말을 하지 않았다. 아마 '해야하는 일' 대신 '하고싶은 일'의 무게 추가 조금 기울었던 탓일까. 나는 조심스럽지만 설레는 발걸음으로 집을 나섰다. 초대받은 장소에 가는 모든 길에는 새벽의 수줍음이 깃들어있었다. 하지만 회의장에 들어서자 세상의 모든 빛은 여기 다 있는 것만 같았다. 그것은 바로 눈빛이었다. 회의장에 있는 모두가 서로의 비즈니스에 많은 관심을 보이며 **"당신을 도와주고 싶어 안달이 나있는"** 독특한 광경이었다. 서로를 알아가는 시간을 가진 뒤 본 회의가 진행되었고 조금은 유연한 분위기라서 편안하게 회의를 지켜볼 수 있었다. 회의의 마무리에는 방문객의 홍보 시간과 참석 소감을 발표할 기회가 주어졌다. 50명의 눈동자가 일제히 나를 바라보며 내가 무슨 말을 할지 너무너무 궁금해 하는 마음이 느껴졌다. 그 순간 나는 내 안에 오랫동안 묵혀두었던 나의 꿈을 세상에 내보일 용기가 생겼다. 그날 이후 감사하게도 BNI 모임의 일원으로 활동하게 되었다. 나는 많은 순간 사람들에게 나를 양보하며 살았다. 잘못된 삶이라고 생각하진 않는다. 하지만 분명한 것은 **'나에게도 나의 사랑을 받을 자격이 있는 사람이라는 것'**이다.

    나의 지난날들을 회상해 보면, 어느새 내 주위를 채우고 있는 것들을 책임지고 견디느라 삶의 달콤함은 '전자렌지 위의 초콜릿을 집어먹는 것 마냥' 틈틈이 챙겨야만 했던 야박한 시간들이었다. 어쩌다 이런 식의 충만한 삶을 살게 되었을까. 잠시 생각하는 시간을 가지며 되짚어보니 나는 그저 약간의 여유를 베풀 줄 아는 사람이었다. 사람들은 그런 나를 좋아했고 나도 이것을 성장의 척도로 삼았다. 그렇게 하나 둘 늘어가는 관계만큼 책임의 무게에 짓눌렸다. '아 저 부분만 도와줄까?' 한 번 가속도가 붙기 시작한 일은 지속해온 시간만큼이나 멈추기 어려운 일이었다. 작은 여유는 더 이상 작지 않았다. 비탈 위에서 굴러떨어지는 눈덩이같이 불어난 무게는 나를 내 삶의 주인의 자리에서 밀어냈다. **나는 나에게서 나를 뺏어간 사람이었다.**

  이렇게 저울이 고장 난 채로 살다 보니, 사람에게 받은 상처가 너무나 커져서 다시는 세상의 빛을 보고 싶지 않기도 했다. '좀 더 현명할 수 없었을까'라는 생각도 하지만 그 또한 겪어야 하는 일이었다고 생각한다. 그때도 그렇고 앞으로도 난 사람을 진심으로 사랑하고 믿을 수밖에 없는 사람이기 때문이다. 그래서 다시 되돌아가더라도 난 똑같이 할 것이다. 그리고 이왕 그럴 사람이라면 **난 이런 나를 사랑하기로 했다.** 나는 나에게 상처를 준 사람들을 마지막까지 사랑했다는 점이 이제는 자랑스럽다.

  나는 BNI에서 진심 어린 눈빛과 존중의 힘을 경험했다. 이 책에서 **나의 터닝포인트는 BNI 애티튜드 입회**이다. 이제 나는 나를 위해서 살 것이다. 그리고, 그래도 된다고 하는 사람들과 함께 살아갈 것이다. 하지만 **나의 터닝포인트는 매일매일이다.** 삶의 매 순간을 진심으로 살고 있는 당신에게도 지금 기회가 달려가고 있다고 생각한다. 진심은 언젠가 통하는 법이다.

  내 이야기가 궁금하다면, 주저 말고 내 **개인페이지**를 방문해 주세요! 더 많은 이야기와 경험을 나누고 싶습니다.

NO.17

김 정

❏ 소개

1. 인카금융서비스(주) S.T 본부장
2. 피부 국제대회 은상
3. 전 DB손보 멘토
4. 전DB손보 루키상
5. 전 메리츠화재 지점장
6. 전 메가푸른에셋 지사장
7. 우수인증 설계사(2024)

❏ 연락처

1. 메일: cjzlwjdk@kakao.com
2. 카카오: jsm3007

보험 영업인의 길과
나만의 사무실

1. 보험과의 첫 만남

나는 처음부터 보험 일을 하려고 했던 사람이 아니었다. 사실 보험이라는 단어조차도 나에게는 멀게만 느껴졌던 시절이 있었다. 하지만 인생은 예상하지 못한 방향으로 흘러가고, 어느 순간 나는 보험 영업인의 길을 걷고 있었다. 처음 보험사에 입사했을 때, 모든 것이 낯설었다. 상품을 공부하는 것도 어렵고, 사람들에게 다가가는 것도 쉽지 않았다. 하지만 선배들의 조언을 듣고 하나둘씩 경험을 쌓아가면서 점차 이 일이 단순히 상품을 파는 것이 아니라 사람들의 삶과 직결된 중요한 일이라는 것을 깨닫게 되었다.

보험은 단순한 금융 상품이 아니라, 누군가의 미래를 대비해 주는 꼭 필요한 일이라는 사실을 알게 되면서 조금씩 자부심을 느끼기 시작했다. 고객 한 명 한 명과의 상담이 쌓여갈수록, 그들의 인생 계획에 도움을 줄 수 있다는 것이 나에게 큰 의미가 되었다. 하지만 영업이라는 것은 항상 순탄하지 않았다. 처음에는 지인들을 통해 계약을 따낼 수 있었지만, 그마저도 한계가 있었다.

2. 여러 회사를 거치며 배운 것들

보험 업계는 생각보다 치열했다. 처음 다녔던 회사에서는 교육도 체계적이었고, 동료들과의 경쟁 속에서 성장할 수 있었다. 하지만 어느 순간, 나는 그곳에서 한계를 느꼈다. 시스템은 잘 갖춰져 있었지만, 나만의 색깔을 살릴 수 없는 환경이었다. 고객들에게 더 나은 컨설팅을 제공하고 싶었지만, 회사의 정책과 제한적인 상품 라인업 때문에 원하는 대로 움직일 수 없었다.

그래서 더 좋은 환경을 찾아 회사를 옮겼다. 두 번째 회사에서는 다양한 상품을 취급할 수 있었고, 나름대로 유연한 영업이 가능했다. 하지만 또 다른 문제에 부딪혔다. 조직 문화가 나와 맞지 않았고, 내가 원하는 방식으로 영업하기가 어려웠다. 세 번째 회사에서는 보다 전문적인 법인 컨설팅을 배울 수 있었고, 고액 자산가 대상 영업도 경험했다. 그 과정에서 금융, 세무, 법률 지식까지 쌓을 수 있었지만, 여전히 내 안에서는 무언가가 부족하다는 생각이 들었다. 나는 더 이상 누군가의 틀 안에서 일하는 것이 아니라, 나만의 방식으로 고객들에게 접근하고 싶었다.

3. 나만의 사무실을 차리다

결국 나는 내 보험 사무실을 차리기로 결심했다. 남의 틀 안에서 일하기보다는, 나의 방식으로 고객들에게 맞춤형 솔루션을 제공하고 싶었다. 처음에는 두려움도 있었다. 회사를 옮기는 것과는 차원이 다른 도전이었고, 모든 것을 내가 책임져야 했다. 하지만 그동안 쌓아온 경험과 네트워크, 그리고 내 철학을 바탕으로 새로운 시작을 하기로 했다.

사무실을 차리고 나니 현실적인 문제들이 밀려왔다. 리쿠르팅*(같이 일할 사람을 구하는 것)*이 쉽지 않았고, 영업도 처음부터 다시 개척해야 했다. 하지만 내가 직접 방향을 설정하고, 내 방식대로 고객을 관리할 수 있다는 점이 큰 장점이었다. 기존 고객들에게 더 깊이 있는 컨설팅을 제공할 수 있었고, 내가 원하는 교육과 시스템을 만들어갈 수 있었다.

4. 앞으로 나아갈 길

이제 나는 단순히 보험을 판매하는 사람이 아니라, 고객들에게 맞춤형 컨설팅을 제공하는 전문가가 되고자 한다. 디지털 활용, 고객 유형별 맞춤 전략, 법인 컨설팅 등 차별화된 서비스를 통해 더 많은 고객에게 신뢰받는 보험인이 되고 싶다. 또한 나처럼 새로운 도전을 하고 싶은 사람들에게 방향을 제시하고, 함께 성장할 수 있는 조직을 만들고 싶다.

보험을 시작했을 때만 해도 내가 이렇게 나만의 사무실을 운영하게 될 줄은 몰랐다. 하지만 여러 회사를 거치며 배운 경험들이 결국 나를 이 자리로 이끌었다. 이제는 나만의 방식으로, 나만의 철학을 담아 고객들과 함께 성장하는 보험인이 되고 싶다. 앞으로도 도전과 변화는 계속될 것이지만, 나는 내 길을 가기로 결심했다.

NO.18

한준기

❏ **소개**

1. 경기대 행정대학원 석사
2. 자서전, 전자책출판지도사, 한국자서전협회 인천미추홀지부장
3. 종이책, 전자책 : 20권 이상 발행
4. 시인, AI 강사, 디지털튜터스마트폰 지도사, 사회복지사
5. 마라톤 풀코스(42.195km):130회 완주
6. 울트라 308km, 537km, 622km 완주: 그랜드슬래머
7. 수상: 시장상, 국회의원, 도지사상, 헌혈:53회
8. 블로그 : 강*맛집 탐방 후기 50회 이상 등
9. 닉네임: 마라톤 명인

❏ **연락처**

1. 네이버 검색: 한준기
2. 블로그: https://blog.naver.com/new8844

4번의 인생 전환점

사람이 태어나서 성장하고 인생을 살아가는 길은 다 같지는 않을 것이다. 현재까지 살아오면서 내 인생의 터닝포인트는 언제였는지 다시 한번 생각해 보는 시간을 가져 본다.

✓ 첫 번째: 공무원 길

예전에는 전부 힘든 시절이었다. 6남매 중 5째로 태어났다. 중학교 졸업 후 인문계를 갈 것인가, 실업계 가서 고등학교 졸업 후 돈을 벌 것인가 잠시 고민해 보았다.

가족 형편상 위로는 형님과 누님이 있어 대학교에 간다는 것은 극히 어려운 상황이라 돈을 벌기 위해 고등학교 통신과(지금은 없는 것 같다)를 선택했다. 고3일 때 선생님께서 말씀하셨다. **"고등학교를 졸업 후 최고 안정적이고 잘된 사례는 공무원 합격이다."**

김*우 선생님께서 해주신 그 말씀은 내 인생의 새로운 진로를 결정하였다. 고등학교 3학년 졸업 후 체신부(지금은 변경되었음) 공무원으로 합격하여 전문학교, 대학교, 대학원까지 다닐 수 있었고 정년퇴직까지 할 수 있는 생활의 기초를 다질 수 있게 되었다.

✓ 두 번째: 마라톤

나를 '마라톤 명인'이라 부른다. 고등학교를 졸업 후 취미는 낚시였다. 이사할 때 첫 번째로 챙기는 우선순위는 낚시도구라고 말할 수 있다. 낚시를 하다 보니 앉아서 하는 활동이라 전혀 운동이 되지 않았다. 그런데 우연히 마라톤 하는 이*영 선배님을 만나 마라톤에 흠뻑 빠지게 했다. 마라톤을 처음 시작한 나이는 44살이다.

불광불급이란 단어처럼 마라톤 속에 흠뻑 빠져들어 들었다. 처음에는 힘이 들고 재미를 못 느꼈으나 완주 후 보람 같은 것, 완주 후 쾌감이랄까. 갈수록 마라톤은 신비로 세계로 빠져들게 하였다. 풀코스 130회 완주, 울트라 308km(강화 창후리~강릉 경포대), 부산태종대~임진각(537km), 땅끝마을~강원도 고성(622km)을 완주하였다.

마라톤을 통하여 건강함을 유지하였다. 사막에 홀로 떨어져도 살아갈 수 있다는 자신감을 느끼게 되었다. 현재 광화문 페이스메이커 활동을 하고 있으며, 내 두 발이 성할 때까지 마라톤은 계속될 것이다

✓ 세 번째: 희생

살아가면서 좀 더 나은 경제적인 활동을 하려고 나 역시 투자를 했다. 그런데 투자한 곳이 크게 잘못되었다. 그 후 경제적으로 매우 어려워져서 잘못된 선택을 하고 싶기도 했다.

날마다 은행에 갚을 돈은 복리처럼 불어나서 흔히 카드 돌려막기, 보험 해약 등 다 해 보았지만, 해결은 되지 않았다. 마침 지인이 잘 아는 법무사를 알고 있었다. '파산이나 회생하는 방법이 있다'는 얘기를 들은 후 회생을 신청했다. 신청하고 5년이 흐른 후 이제는 정상적인 활동을 하게 되었다. 지금은 잊지 못할 값진 경험으로 간직하고 싶다.

✓ 네 번째: 작가, 시인. SNS 활동(블로그 활동 등)
 '아무것도 하지 않으면 아무 일도 일어나지 않는다.'라는 말이 있다. 인생에 도움이 되면 무엇이든 도전하고 배워야 한다. 그간 시, 전자책, 종이책도 다수 발간했다. 주위에서 나를 시인, 작가님이라고 부른다. 또한 블로그 활동도 나름대로 열심히 하고 있다. 현재는 1달에 체험단 10회 이상, 강*맛집 체험단 활동을 하여 나름대로 맛있다는 음식을 체험단을 통하여 공짜로 먹을 수 있다.

아는 것이 힘이다.
올바른 선택을 하기 위해서는 배워야 한다. 모르면 타인에게 사기를 당하거나 피해를 볼 수 있다. 한순간의 선택이 부를 이룰 수도 있고, 패망을 가져올 수가 있다.

여러분은 어떤 선택을 하고 싶은가?

NO.19

김미옥

❏ 소개

1. 사회복지법인 제주공생 희망나눔종합지원센터 센터장
2. 한국사회복공제회 대의원
3. 2022년 5월 31일 전안나작가와의 만남과
 '하루 한 권' 책 읽기 결단
4. 2022년 8월 10일 네이버 블로그개설(예비작가 Kim)
5. 2024년 11월 ~2025년 4월 옴니버스 인생 책 쓰기
 내 삶을 바꾼 책, 내 인생의 산전수전, 내 삶의 귀인
 내 삶의 감사일기, 내 삶을 바꾼 질문, 내 삶을 바꾼 습관
 내 삶의 터닝포인트 참여
6. 사회복지사 1급, 약물중독전문가 2급

❏ 연락처

 블로그: https://blog.naver.com/k960722-

도전,
엄마의 책 읽기 공부

우리는 삶의 여정 중에 수많은 터닝포인트를 만나게 된다. 나도 이제 60을 바라보는 인생 가운데 몇 번의 터닝포인트를 경험했다. 2003년 2월 10일은 경력 단절과 독박 육아를 청산하고 당당하게 사회복지사로서 인생 2막을 시작한 날이다.

2022년 5월 31일은 사회복지 직무교육에서 강사 전안나 작가와의 만남이 있었다. 강사님의 강의를 듣고 호기심으로 나도 하루 한 권 책 읽기를 결단하고 하루 한 권 책 밥을 먹기 시작 한 날이다.

그렇게 시작한 나의 책 읽기가 5월 31일이면 딱 3년이 된다. 3년이라는 길지 않은 시간이지만 나에게는 많은 변화가 있었다. 먼저 '수불석권', 항상 손에서 책을 놓지 않았다.

하루 세 끼 육신의 밥을 챙겨 먹듯이 마음 근육 단련하는 책 밥도 골고루 챙겨 먹었다. 이전에는 이벤트처럼 먹었던 책 밥을 꾸준하게 먹게 된 것이다. 책 밥을 먹고 누군가와 나누고 싶은 마음에 그해 8월 10일 얼떨결에 네이버 블로그를 개설하고 세상과 소통하기 시작했다. 25년 3월 18일 기준 750여 편의 글을 발행하고 11,000여 명의 이웃님이 방문했다. 아무리 생각해도 기이한 일이고 신기한 일이다.

책을 읽으며 많은 질문을 하게 되었고, 퇴직 후 인생 3막에 대한 꿈이 선명해지기 시작했다. 감추어졌던 자신감과 자존감이 밖으로 표출되어 도전함에 주저하지 않고 각종 공모전에 참여하여 수상하는 기쁨도 누리게 되었다.

작은 시작과 도전이 나의 버킷리스트인 퇴직 후 책 출판을 무려 10년이나 앞당기는 쾌거도 있었다. 6권의 공저에 참여하고 이제 7번째 글을 쓰고 있다.

독박 육아와 경력 단절로 몸과 마음이 지쳐 갈 즈음 사회복지 공부와 자격 취득 그리고 사회복지 제주 공생 새내기 사회복지사로 사회복지에 입문하여 지금은 기관장으로서 슈퍼바이저 역할을 감당하는 큰 나무로 성장하였으니 감사할 따름이다.

엄마의 책 읽기 공부를 누구보다 응원하는 서방님과 두 아들이 든든히 나를 지켜 주고 있으니, 이것도 감사하다. 두 아들도 어느덧 엄마의 책 읽기 공부에 감염이 되어 이제는 자신들이 먼저 먹은 책 밥을 권하기도 하고 맛있는 책 밥을 엄마에게 선물하기도 한다.

책 밥을 주제로 대화할 수 있음이 무엇보다 소득 중에 큰 소득이기도 하다. '세 살 버릇 여든까지 간다'라는 속담처럼 두 아들은 유년 시절 열심히 책을 읽고 독서 일기를 기록했던 시간을 기억해 내었다.

아들들이 장성하여 결혼을 준비하는 시기가 되니 한가지 꿈이 생겼다. 3대가 함께 책 밥 먹고 독서포럼을 하는 것이다.

미래의 손자 손녀들에게 유아 시절부터 체계적인 독서 교육을 위해 지금 나는 '한우리 독서지도사 양성 과정'에 등록하고 자격 취득을 위한 공부를 병행하고 있다.

공부하는 이 시간이 나에게 또 하나의 유레카(EureKa)가 되었다. 손자 손녀들에게 독서교육을 하는 할머니의 모습을 상상하니 내 입가에는 어느새 웃음이 절로 난다. 업무와 병행하며 글을 쓰며 공부하는 것이 쉽지는 않지만, 힘든 만큼 보람도 배가 되는 것 같다.

지난달에는 벼르고 벼르던 독서 모임 '헵시바'를 개설하고 리더로 섬기고 있다. 마음 맞는 친구와 이웃이 한마음 되어 책 밥을 먹고 나누며 마음 근육을 살찌우고 있다.

이처럼 엄마의 책 읽기 공부를 통해 주변에 선한 영향력을 끼치고 있으니 내가 지양하는 실천 독서라고 할 수 있다. 한 권의 책을 읽고, 하나의 메시지를 붙잡고, 한가지씩 내 삶 속에 적용하는 것이 참으로 기쁘고 즐겁다. 뿌듯하고 흐뭇하다. 대견하다.

내 인생 2막의 후반부에서 인생 3막을 준비하는 시기에 책 읽기와 글쓰기는 삶의 자양분이 되고 디딤돌이 되고 있다. 옴니버스 인생 책 쓰기 100권 작가 우경하 대표님과의 만남과 한 달에 한 번 한 권의 책을 쓰는 귀한 일에 동참하는 것이 또 하나의 터닝포인트가 되었다. 지금은 비록 공저로 참여하지만 머지않아 나의 계획대로 나만의 책이 만들어질 것을 기대하며 오늘도 엄마의 책 공부는 계속될 것이다.

NO.20

조대수

□ 소개
1. 화법연구소 대표 / 백년멘토 대표
2. "대수굿TV" 제일 쉬운 법인영업, 세일즈 심리학 유튜버
3. 화신사이버대학 특임교수(상담심리)
4. 금융사, 관공서, 기업, 대학교 등 3,000회 이상소통, 유머강의
5. 전자책, 종이책 포함 10권 이상 출판
6. 밴드 "조대수의 공감, 소통 멘탈케어" 5천 명 이상
7. 닉네임: 대수굿!

□ 연락처
1. 네이버 검색: 조대수(010-5232-7849)
2. 유튜브 검색: "대수굿TV" 금융, 세일즈 심리학 유튜버

되면 좋고,
안 되면 더 좋고

내 인생의 터닝포인트, 위기를 기회로 바꾸다

강사로서 승승장구하던 6년 차, 예상치 못한 위기가 찾아왔다. 코로나19의 확산으로 인해 몇 달씩 잡혀 있던 강의가 연달아 취소되었다. 처음에는 메르스 사태처럼 3~4개월이면 끝날 것으로 생각하고 잠시 쉬는 시간을 가지기로 했다.

그러나 6개월이 지나도 상황은 나아지지 않았다. 그때 깨달았다. '이 일은 내 의지만으로 계속될 수 있는 게 아니구나. 사업이라는 것은 외부 환경에 의해 순식간에 무너질 수도 있구나.' 혼란스러웠다.

'**이제 어떻게 해야 하지? 이 일을 접어야 하나? 다른 일을 찾아야 하나?**' 하지만 고민만 한다고 해결되는 것은 아니었다. 소득 없이 계속 지낼 수도 없는 상황이었다. 그렇게 퇴사 후 강사로 잘 나가던 때 또 한 번의 터닝포인트가 찾아왔다.

그러다 문득 생각했다.

'**아니야, 이건 하늘이 내게 재충전할 기회를 준 거야. 매일 강의하느라 바빠서 하지 못했던 공부를 하라는 신호야.**' 그렇게 나는 내 역량을 한층 더 끌어올리기 위해 새로운 도전을 시작했다.

먼저, 가장 중요한 건 자금이었다. 다행히 신용보증기금에서 자영업자를 위한 신용대출을 2%대의 저금리로 지원해 주고 있었다. 그 대출금을 받아 생활비와 교육비로 사용하며, 본격적으로 자기 계발에 뛰어들었다. 도사공 정책자금 과정, 삼일회계 TAX 아카데미, ISO 선임심사원 자격증 과정, 경정청구 과정 등 다양한 교육을 이수하고 자격증을 땄다.

뿐만 아니라, 새로운 강의 방식에도 도전했다. '대수굿TV' 보험 세일즈 유튜브와 블로그를 운영했으며, 줌(ZOOM) 방송으로 원격 강의를 시도했다. 오프라인 강의가 막혔다면, 온라인으로 시도하면 된다고 생각했다. 기존에 가지고 있던 강의 콘텐츠를 업그레이드하여 소수정예 유료 강좌를 개설했고, 차수별로 고능률 제자들과 인연이 맺어졌다. 동시에, 『멘탈케어 도구상자55』 책을 쓰기 시작하며 상담심리학 대학원도 진학하였다. 그로 인해 이젠 강의뿐만 아니라 지식 콘텐츠를 만들어 내는 생산자의 역할도 하게 되었다.

이 모든 과정을 거치면서 나는 예전보다 10배는 더 강력한 콘텐츠를 갖게 되었고, 그만큼 자신감도 커졌다. 그리고 지금은 당당하게 이렇게 말한다.

"여러분, 5년 전보다 지금의 나를 만나셔서 정말 행운입니다."

이론과 감성, 경험, 그리고 여러 고수들의 노하우가 나의 창의력과 결합하면서, 나는 더욱 성장할 수 있었다.

만약 코로나19가 없었다면 이렇게까지 나를 개발하고 성장할 수 있었을까? 그때 이 일을 포기하고 다른 일을 했다면, 지금처럼 수많은 제자를 가질 수 있었을까?

나는 깨달았다. 위기는 새로운 기회가 될 수 있다는 것을. 그래서 나의 좌우명을 바꾸었다.

"되면 좋고, 안 되면 더 좋고."

이 말은 단순한 긍정이 아니다. 만약 어떤 일이 원하는 대로 되면 그것은 기쁜 일이지만, 혹시 되지 않더라도 또 다른 더 좋은 길이 있을 수 있다는 의미다. 그래서 나는 언제나 흔들리지 않고, 어떤 상황에서도 기회로 바꾸며 나아간다.

코로나19는 나에게 단순한 위기가 아니었다. 그것은 내 인생을 한 단계 더 성장시킨 터닝포인트였으며, 그 덕분에 나는 더 강한 강사가 될 수 있었다. 지금도 나는 배움을 멈추지 않고, 끊임없이 새로운 길을 개척하고 있다.

"위기는 기회다."

나는 이 말을 몸소 경험하며 극복해 냈다. 그리고 앞으로도, 어떤 위기가 찾아오더라도 또 다른 기회로 바꾸며 나는 더 성장할 것이다.

3장

세 번의 변곡점, 그리고

21. 박보라
세 번의 변곡점, 그리고

22. 이형은
패스트 무버(FAST MOVER)가 되라

23. 장선희
사람 대신 선택한 글쓰기와 책

24. 이대겸
삶의 끝에서 다시 시작된 인생 설계

25. 이단비
책이 알려준 인생의 방향

26. 박해리
바느질이 준 삶의 보석

27. 최순덕
최선의 선택으로 얻은 자유!!

28. 유병권
내 마음의 그릇이 작다는 것을 깨달은 순간

29. 한기수
촉법소년, 소녀들이 내게 준 마음

30. 권오성
도전이 두려웠지만, 후회가 더 두려웠다

NO.21

박보라

❏ 소개

1. 교육사 35년 운영
2. 치매 극복의 날 체험수기 최우수상 수상
3. 치매 안심센터 리더
4. 치매 재활 레크리에이션 1급 강사 자격증
5. 치매 전문 교육과정 관리자 교육 이수
6. 한국화 부채 예술 대전 입상

❏ 연락처

1. 닉네임: 보라 꽃
2. 손폰: 010-8575-0572

세 번의 변곡점, 그리고

☑ **1980년대 그 해**

1980년도 5·18 사태가 일어나던 해였다. 셋째가 태어난 지 한 달 만에 5·18이 터졌고 그때부터 평온했던 내 삶에도 불운이 드리웠다. 하루아침에 직장마저 실직하고 날마다 무기력에 빠져버린 그 사람과도 다툼이 시작되었다. 친정에 애들도 맡기고 동분서주하면서 내 인생의 전환점이 시작되었다.

그 당시 모아놓은 밑천도 부족한 상태였지만, **월산 국민학교 앞에 조그만 가게를 인수했다**. 간신히 시작한 문구사였고 열과 성의를 다해서 그 사람이 물건을 사 오면 나는 팔면서 난생처음 새로운 일을 시작했다.

그러나 1년을 해도 어려운 상황이 계속되어 다른 곳으로 이전을 결심했다. 그 사람과 나는 세상 물정에 어두웠다. 전세금과 권리금 즉 물건값에 더한 금액을 지급해야 했다. 입금이 안 되면 집 열쇠를 줄 수 없다는 말에 남편과 나는 발만 동동 굴렀다.

결국 집주인의 배려로 권리금만 먼저 주고 전세금은 나중에 주기로 하고 이사를 해서 교육사란 상호를 내걸고 그 이튿날부터 열심히 꾸려가기 시작했다. 어렵게 시작한 가게지만 나날이 번창했다. 아침 등교 시간이면 전쟁 아닌 전쟁이 시작되었다. 학생들이 "아줌마", "아저씨"를 불러댔다. 가게 안팎에서 남편, 취준생 남동생, 여동생까지 거들었고, 심지어 친구까지 동원해서 도와주었다.

☑ 1990년대의 행복

80년대가 지나고 90년대가 시작됐다. 착실했던 세 남매도 학교에서 열심히 여러 가지 활동을 했다. 딸은 호남 예술제를 다니면서 음악 협회에서 최우수상을 타오는 행운 속에 세월은 흘러갔다. 나는 딸의 매니저 역할을 하면서 행복했다.

그때쯤 분양 중인 아파트 청약을 넣어 1순위로 당첨이 되었다. 얼마나 기뻤던지 가게 문을 닫고 밤이면 분양받는 곳까지 가곤 했다. 꿈에 그리던 내 집을 그리면서 몇 년이 흘러 드디어 입주하는 행복한 날이 왔다.

내 아들과 딸에게 독립된 공간을 줄 수 있다는 기대감에 내 인생의 전성기를 맞이한 것 같았다. 남들이 다 가는 여행 한 번 못 가보고 오직 가게만 생각하고 아이들 입학식과 졸업식까지 나 혼자만 가야 했다. 하루, 한 시간도 문을 닫지 않으려는 성실한 그 사람과 바쁜 와중에도 행복하게 살았다.

☑ 2023년의 그림자, 그리고

그러나 평안하던 가정에 불행의 그림자가 찾아왔다. 갑자기 그 사람이 대상포진이 온 것 같다고 했다. 개인병원에서 가서 진찰하고 오라고 했는데 무서운 말을 했단다.

한 달 약을 먹고 검사한 결과 이름도 생소한 병명을 듣게 되었다. CT 검사 후 알게 된 복부 대동맥류였다. 소견서를 부탁해서 삼성서울병원에 가서 3개월 후 수술하게 되었다. 그 사람이 서울로만 가고 싶어 했고 수술만 하면 완쾌될 줄 알았던 내가 정말 바보다. 무지했던 나 때문이었을까.

수술한 지 40일이 되어 집으로 퇴원하던 날 저녁 식사까지 잘하고 내가 설거지하던 그 짧은 순간에 **그 사람이 가버렸다.** 말 한마디 남기지 않고…

매일 통곡했다. 가슴에는 후회만 남았다. 벌써 그이가 떠난 지 2년이 지났다. 시간은 흐르고 있고 여전히 아리고 아프다. 그러나 나는 다시 한번 삶의 전환점에서 다짐한다.

나의 새로운 변곡점을 향해서 남은 내 인생의 그래프를 어떻게 그려나갈 것인가. 힘내자. 나, 보라야!

NO.22

이형은

❏ 소개

1. 강남대 도서관학과 졸업
2. 한국열린사이버대 뷰티건강디자인학과 졸업
3. 사서 자격증, 북큐레이터, 독서 지도사
4. 책쓰기 지도사, 출판 작가 마스터
5. 미용사 면허증, 운동 처방사

❏ 연락처

1. 이메일: lhe1239@naver.com
2. 블로그: https://blog.naver.com/lhe1239

패스트 무버(FAST MOVER)
가 되라

누군가 말했다.

"*나는 남은 생을 AI에 바치겠다.*"이 말은 단순히 기술을 사랑해서가 아니다. 다가올 미래는 선택이 아니라, 생존의 문제이며, 기술은 도구가 아니라 생존 전략이기 때문이다. AI는 인간의 역할을 위협하는 게 아니라, 인간의 가능성을 증폭시킨다. 그것을 두려움으로 볼 것인가?, 기회로 껴안을 것인가? 그 싸움은 이미 시작되었다. AI 우리가 외면한다고 멈추지 않는다. 그러나 우리가 껴안을 때, 진짜 변화는 시작된다.

AI가 인간의 행복과 감정을 이해하도록 설계하는 것이 중요하며, 이를 통해 **AI가 인류의 행복을 증진시키는 방향으로 가야 한다**는 손정의 회장의 글이 내 인생의 삶에 터닝 포인트가 되었다.

AI시대, 남은 생을 어디에 바칠 것인가? 그 대답이 내 인생의 방향이라고 설정했다. 패시브 무버(Passive Mover)가 아니라, 패스트 무버(Fast Mover) 작가가 되리라.

(* 참고/ 1. 손정의 씨의 강연 AI는 AGI(인공 일반 지능)로 진화한다. 2. AI에 남은 생을 바치겠다. AI 시대, 미래를 위

한 싸움.)

패스트 무버는 '무에서 유를 창조하는 개척자로서 혁신적인 첫걸음을 내딛는 사람'을 의미한다. 따라서 패스트 무버는 남들보다 빠르게 움직이고, 변화에 유연하게 대응하며, 기회를 선점하는 사람이다. AI(Artificial Intelligent, 인공 지능) 시대, 빠른 변화와 경쟁 속에서 살아남기 위해, '속도와 실행력'을 발휘하여 150% 성과를 만드는 사람들의 비밀이다.

AI 시대의 전문가는 평범한 100%를 넘어 150%의 놀라운 결과물을 만들어 낸다. AI가 데이터를 분석하고 기본적인 결과에 도달하는 동안, 패스트 무버들은 자신만의 통찰로 그것을 재해석하고 한 단계 더 발전시킨다. AI가 정형화된 답을 찾는 동안, 이들은 다양한 경험과 시행착오를 통해 아무도 생각하지 못한 새로운 가능성을 발견한다.

"정말 AI가 모든 것을 해결해 줄 수 있을까?"
"전문가는 더 이상 존재 가치가 없는 것일까?"
"AI 시대에 나는 어떤 능력을 갖춰야 할까?"

"결국 미래의 주인공은 바로 당신이다. AI는 우리의 전문성을 증폭시키는 도구일 뿐, 그것을 통해 어떤 결과물을 만들어 낼지는 당신의 상상력과 도전 정신에 달려있다. 불확실성을 기회로 바꾸고, 실패를 두려워하지 않으며, 끊임없이 도전하는 자세, 이것이 바로 패스트 무버의 태도다. -김재엽 〈패스트

무버〉中

세상은 빠르게 변하고 있다. 하지만 모든 사람이 그 속도에 맞춰 움직이진 않는다. 어떤 이는 앞서나가고, 어떤 이는 멈춰 선다. 그 차이를 나누는 건 단 하나 '실행의 타이밍다.'

페스트 무버는 완벽을 기다리지 않는다. 70%의 확신이면 움직인다. 부족해도 시작하고, 시행착오 속에서도 방향을 찾는다. 실패는 두려운 일이 아니라, 방향을 수정하는 신호일 뿐이다. 반면, 패시브 무버는 100%를 기다린다. 충분히 준비되지 않으면 움직이지 않는다. 생각은 많지만, 행동은 느리다. 그래서 기회는 늘 한발 늦게 지나간다.

패스트 무버는 두려움 속에서도 움직이는 사람, 실패해도 다시 시작하는 사람, 실행을 통해 삶을 정리하는 사람을 위한 마음 수업이다.

패시브 무버는 완벽한 준비가 될 때까지 멈춘다. 하루 한 줄을 써도, 한 번의 시도라도 해보는 사람이 결국 판을 바꾼다. 이 시대는 생각보다 실행하는 자를 원한다.

100권작가 나연구소 우경하대표가 나에게 말했다. "이미 충분합니다, 일단 먼저 써보세요, 책은 보는 것이 아니라 쓰는 것입니다."

질문은 그리 단순하다. "당신은 움직이는가, 기다리는가?"
당신은 패시브 무버인가, 패스트 무버인가?"

NO.23

장선희

❏ 소개

1. 책읽기와 글쓰기를 좋아하여 전공이 되었습니다.
2. 학교에서 40년 가깝게 근무하고 은퇴하였습니다.
3. 저만의 시간으로 책읽기와 글쓰기에 전념하고 있습니다.
4. 글을 통하여 SNS 매체로 소통하고 있습니다.

❏ 연락처

1. 네이버 블로그: https://blog.naver.com/shchang7584
2. 브런치: https://brunch.co.kr/@sunnychang

사람 대신 선택한
글쓰기와 책

　대학에서 30년이 넘게 재직했다. 대학도 학교이기 때문에 가장 중요한 일이 학생들을 가르치는 일이었다. 대학은 학생들이 사회 진출을 준비하는 마지막 단계이기 때문에 사회생활에 필요한 지식과 기술과 교양을 잘 교육하여서 사회에 잘 적응하도록 해야 하는 책임이 컸다. 강의와 학생 지도, 면담 등이 교수가 해야 할 가장 큰 일이었다.

　그렇지만 강의와 학생 지도 외에도 학교를 움직여 가기 위해서는 많은 행정 조직과 지원 업무가 필요했고 거기에 헌신하는 사람들이 필요했다. 사람들은 이런 헌신을 보직이라고 이야기했고 거기에 있는 것을 출세라고 생각했다. 학교도 사회이기 때문에 여러 부류의 사람들이 모인다. 보직이나 행정에 전혀 관심이 없는 학자들도 있었고 행정과 정치에 관심이 많아 권력의 주변에서 맴도는 사람들도 있었다.

　나는 자의든 타의든 권력의 주변부에서 일해야 할 때가 많았다. 모든 정보와 행정이 움직여지는 본부 쪽에 있으면 교육과 연구보다는 기획과 회의, 인간관계에 시간을 빼앗길 때가 많았다. 교수로서의 업무보다는 조직을 위한 일에 시간과 에너지를 더 쏟아야 했다. 조직의 일은 혼자 하는 것이 아니고 여러 부서와 사람들이 함께 협력하고 협업해야 하는 경우가 많았다. 그러기 때문에 함께 일하는 사람들과의 인간관계가 일의 성취에 중요한 변수로 작용할 때가 많았다. 업무의 상당 부분이 회의로 결정되는 것이 아니라 대강의 결론을 미리 내린 다음 회의에 부쳐 통과시키는 경우가 많았다. 이럴 때 사전 조율 과정에 참여한 사람은 훨씬 많은 정보와 본부 쪽에서 원하는 답변을 내놓기가 쉬웠다. 그래서 사람들은 각종 경로를 통하여 권력의 중심부에 가까이 가려고 했고 인간관계를 돈독히 하려고 하였다.

  나는 인간관계에 서툴렀다. 제일 자신 없는 것이 인간관계였고 제일 어려운 것이 인간관계였다. 젊은 시절에는 조직을 배워야 한다는 생각에 이렇게도 해보고 저렇게도 해보면서 인간관계를 원활하게 해보려는 노력을 상당히 했다. 일과 가치에 대한 내 나름의 기준보다는 모두가 좋은 대로, 상대방이 좋아하는 쪽으로 하려고 했다. 그렇지만 내가 기준이 없이 흔들릴수록, 사람들의 입맛에 맞게 하려고 노력할수록 번번이 사람들에게 이용당한다는 생각이 들었다. 사람들의 말 바꾸기, 얼굴 바꾸기에 지쳐갔다.
  결정적으로 10년 정도의 후배에게 배신 비슷한 것을 당하면서 지독한 수치심과 모멸감에 빠졌다. 일과 사람에 대한 서툶과 미숙함, 그리고 용의주도하지 못한 나에 대한 실망으로 사람들을 대하는 것에 자신감을 잃었다. 나는 그동안 일관되지 못하고 남의 기준에 맞추려고 흔들렸던 처신에 대해 반성했다. 인간관계로 일을 해결하려고 했던 내 생각을 수정해야 한다는 생각이 들었다. 기준 없이 휘둘리던 나의 삶에 명확한 기준이 필요하다고 생각했다.

나는 사람들과의 불필요한 교류를 중단했다. 사람 대신 책을 택했다. 강의 시간 외에는 연구실에서 책만 읽었다. 강의 준비와 강의, 정규 회의, 학생들과의 면담 외에는 사적 모임을 배제하고 모든 시간을, 책을 읽는데 쏟았다. 그렇게 책을 읽어 나가자 한 해 동안 칠십여 권의 책을 읽게 되었다. 책을 읽어 나가면서 사람에게서 받았던 실망을 책에서 만나는 사람들을 통해서 위로받았다. 사람에게 의존하는 것이 아니라 홀로 서는 훈련을 하였다. 혼자 있는 것을 두려워하지 않게 되었다.

돌아보니 지금 내가 많은 시간을 혼자 책을 보고 글을 쓰면서 보낼 수 있는 저력은 그때부터 생겼다고 생각된다. 앞으로도 더 많은 사람이 내 곁을 떠날 것이고 혼자 있는 시간이 많아질 것이다. 그럴 때 내가 버리지 않는 한, 끝까지 내 곁을 지켜 줄 책 읽기와 글쓰기는 가장 든든한 나의 반려가 될 것이다.

사람을 향한 인정 욕구에서 벗어나 책 읽기와 글쓰기로 나의 관심을 전환했던 그때가 내 인생의 가장 중요한 터닝 포인트였다.

NO.24

이대겸

❏ 소개
1. (전) 건설사업관리 16년
2. 삼성생명 신인 월천대상
3. 한화손보 진심설계사 선정
4. (현)한국영업인협회 지사장
5. (현)인카금융서비스 유나리치 진심설계사

❏ 연락처
전화: 010-9980-3702
이메일: iqeq0204@gmai.com

삶의 끝에서 다시 시작된 인생 설계

2024년 6월 30일, 제 아내는 45세의 젊은 나이에 두 딸과 저를 남기고 하늘로 떠났습니다. '상이성 낭종'이라는 이름조차 생소한 희귀난치병. 빅3 병원 그 어디에서도 정확한 병명을 알 수 없었습니다. 이름이 없으니 치료법도, 약도 없었습니다.

아내는 늘 두통에 시달렸고, 진통제조차 듣지 않았습니다. 마지막 3~4년은 대체의학에 의존하며 고통을 견뎌야 했습니다. 심한 날이면 혼절하기를 수차례, 마약성 진통제조차 듣지 않을 정도였습니다. 고통에 익숙해져 버린 아내… 그 모습은 제 가슴을 갈기갈기 찢어놓았습니다. 뇌압 때문에 누워 잠들 수조차 없어 늘 앉은 자세로 잠을 청해야 했던 아내. 저는 편히 잠드는 제 자신이 늘 죄스러웠습니다. 새벽녘 통증에 시달리는 아내를 발견하고 마사지를 해주고, 침을 놓고, 뜸을 뜨고, 사혈을 하며 밤을 새우기 일쑤였습니다.

매일 저녁 두 시간은 오롯이 아내를 위한 시간이었습니다. 매주 토요일은 대체의학을 배우러 다녔고, 평일 저녁은 아내의 치료와 아이들 돌보기에 할애했습니다. 제게는 늘 시간이 없었습니다. 그래도 저는 아내가 죽을 것이라고는 상상조차 하지 않았습니다. "내가 반드시 고쳐놓을 거야." 절망 속에서도 희망을 놓지 않으며 아내를 위로했습니다.

하지만 결국, 아내는 저를 남겨두고 떠났습니다. 아내의 죽음은 제게 삶의 무상함과 죽음에 대한 깊은 성찰을 안겨주었습니다. 인간은 누구나 죽음을 맞이하지만, 마치 영원히 살 것처럼 살아갑니다. 하지만 삶은 예상치 못한 고통으로 가득 차 있습니다.

7번의 크고 작은 수술과 유명하다는 병원을 전전하며 아내를 간호하는 동안, 저는 삶의 냉혹한 현실과 마주해야 했습니다. 아내의 병원비, 간병으로 인한 수입 감소, 아이들의 양육비까지…. 경제적 어려움이 저를 힘들게 했습니다. 만약 아내가 공무원 단체보험에 가입되어 있지 않았다면, 저는 3억 5천만 원이라는 엄청난 빚을 져야 했을 것입니다. 돈이 전부는 아니지만, 돈이 없으면 사랑하는 사람을 지키는 것조차 힘겨워진다는 것을 뼈저리게 느꼈습니다.

"인간은 누구나 죽음을 맞이하지만, 마치 영원히 살 것처럼 살아간다." 이것은 제 삶을 송두리째 뒤흔든 진리였습니다. 백년해로를 꿈꾸던 행복한 결혼 생활은 아내의 갑작스러운 발병으로 악몽이 되었습니다. 10년간의 투병 생활은 제 삶을 피폐하게 만들었고, 세상과의 단절을 가져왔습니다. 하지만 저는 아내를 살리기 위해 모든 것을 걸었습니다. 직장, 집, 심지어 이름까지 바꾸며 절박하게 매달렸습니다. 희귀난치병이라는 절망적인 상황 속에서도 저는 희망의 끈을 놓지 않았습니다.

건설 관리 감독관으로 16년간 일했지만, 아내의 병간호를 위해 더 이상 할 수 없었습니다. 택배, 입주 청소, 대리운전 등 닥치는 대로 일을 했지만, 경제적인 어려움은 해결되지 않았습니다. 그러던 중, 집안의 상속 문제를 해결하기 위해 보험을 알아보다가, 보험설계사라는 새로운 길을 발견했습니다. 건설 감독관 시절 설계 업무를 검토했던 경험을 살려, 이번에는 제 인생을 설계해 보기로 했습니다. 아픈 아내를 간호하며 느꼈던 절실함으로, 아픔과 어려움을 겪는 사람들의 마음을 헤아리며 돕고 싶었습니다.

이제 저는 '삶의 마지막을 준비하는 보험 설계사'로서 새로운 인생을 시작합니다. 아내의 투병과 죽음을 통해 얻은 깨달음, 경제적인 어려움을 극복하며 얻은 경험은 저만의 특별한 자산입니다.

저는 이 경험을 바탕으로, 고객들에게 단순한 보험 상품이 아닌, 삶의 마지막을 준비하는 진심 어린 설계를 제공하고자 합니다. 누구나 아프고 싶어서 아픈 사람은 없습니다. 하지만 누구에게나 예상치 못한 고난이 찾아올 수 있습니다.

저는 고객들이 저와 같은 어려움을 겪지 않도록, 미리 준비하는 삶의 중요성을 전하고 싶습니다. 사랑하는 사람을 위해, 그리고 자신의 미래를 위해, 지금부터 인생을 설계해야 합니다.

NO.25

이단비

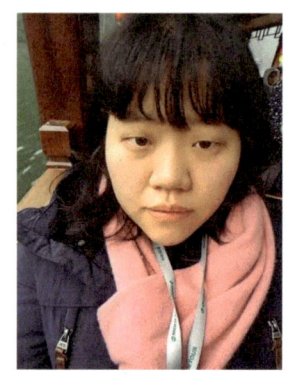

❏ 소개
1. 와우엔터테인먼트 대표
2. 꽃 여행사 대표
3. "내 로망 해외여행 셀프 가이드" 저자
4. "아는 만큼 재밌는 국내여행 가이드" 저자
5. "내 삶을 바꾼 습관" 공동저자
6. 풍경 있는 여행 국내여행 안내사
7. 한국 연예인 봉사단 충청지부장
8. 전 모두투어 네트워크 전문 인솔자
9. 전 참 좋은 여행 유럽 전문 인솔자
10. 전 동아일보 중국의 창 "이단비와 함께 하는 중국 여행"
11. 가수. 여행이 좋아요(동경) 이단비

❏ 연락처
1. 네이버 검색: 이단비
2. 다 음 검색: 이단비

책이 알려준 인생의 방향

　인간은 삶을 살아가면서 자의든 타의든 새로운 분야에 관심을 갖게 되고 도전해 보고 싶어 한다. 그 과정에서 삶의 의욕이 커지고 배움과 지혜를 얻는다. 때론 힘이 들기도 하지만 그를 통해 성장한다. 개인의 삶에 만족하며 사는 삶은 각자의 삶의 활력소이며 새로운 인생 터닝포인트를 찾을 수 있다. 모든 사람은 삶을 살아가며 여러 번의 기회를 맞게 되고 다양한 체험을 할 수 있다. 내 삶의 중요한 터닝포인트를 소개한다.

1. 책 읽기

　지식을 가장 빨리 쌓을 수 있는 방법은 책 읽기다. 성공한 대부분 사람의 말을 들어보면 독서를 추천한다. 그들은 책으로 삶의 지혜를 얻고 그로 인해 자신들의 삶이 변할 수 있었다고 말한다. 어렸을 때부터 독서를 좋아했던 나는 『한국을 빛낸 위대한 100명원 위인들』을 좋아했고 역사 속 조상들의 지혜와 경험을 보며 시대의 발전과 흐름을 배웠다. 책은 지식을 쌓고 경험의 공감은 어떠한 가치로도 환산할 수 없다. 자극적이고 재미있는 콘텐츠가 넘쳐 나는 이 시대에 채워지지 않는 마음속의 공허함이나 머릿속이 너무 복잡할 때 혹은 속 시끄러운 날이 반복될 때 조용히 앉아 마음을 정화하며 생각할 수 있는 독서를 추천한다. 굳이 읽을 만한 책을 찾으라면 이 책 『내 삶의 터닝포인트』를 추천한다.

2. 외국 생활

난 외국에서 10년 이상 체류했다. 처음 회사 지사로 아무 생각 없이 파견되어 외국으로 넘어가 택시를 탄 날부터 아무것도 모르는 외국 생활의 도전이 시작됐다. 현지 돈을 셀지 몰라서 택시비를 10배로 냈던 경험... 외국에 살면서 취업비자와 거주증 받는 방법을 몰라서 3년을 해맸던 경험... 현지인과 같이 사는 방법을 몰라 몇 년을 고생하고 집 밖에 3년 동안 외출하지 않았던 기억이 있다. 한국에서는 경험할 수 없는 외국만의 독특한 문화와 생활 패턴, 습관을 현지인과 함께 살면서 경험했다.

3. 여행

여행은 삶이다. 여행을 통해 지식과 견문을 넓히게 되고 새로운 세상이 나를 기다리고 있다. 미지의 세계는 탐방, 문화, 역사, 스포츠 활동, 꿈, 미래 설계, 인생 살아가는 지혜를 배울 수 있다. 나는 내 인생에서 여행을 통해 자연의 멘토를 만나고 역사의 멘토를 만나고 삶의 멘토를 만난다. 더 좋은 멘토 친구를 만나기 위해 여행을 떠난다. 여행을 통해 잃어버린 꿈과 희망을 찾고 싶다.

4. 삶의 멘토 '책'

매일 잠자기 전에 글을 한 문장씩 쓰는 습관은 문장력이 없던 나를 변화시켰다. 성공한 사람들의 예를 보면 부지런한 사람들이 대다수다. 아침에 하루 10분 글쓰기 습관은 나를 연재로 책을 낼 수 있는 작가로 만들었다. 내 삶의 중요한 멘토는 '책'이다. 우리는 인생을 살아가면서 어떤 선택과 포인트, 방향성을 잡느냐에 따라 성공 여부가 달렸다. 책은 변화를 꿈꾸는 사람들에게 원하는 삶을 살아가도록 안내하는 친절한 길잡이다. 책은 나에게 이정표 같은 역할이 되었고 인생의 방향성을 잡는 데 도움을 주었다.

책을 통해 삶의 지혜와 살아가는 이야기를 나누며 더 잘 소통하고 사는 방법을 배울 수 있다. 어떤 일을 하고 돈을 얼마큼 버느냐가 중요한 것이 아니다. 어떤 멘토를 통해 현재에 내 삶을 기록하고 미래의 나에게 확신과 용기를 주는 것이 중요하다. 우리는 매 순간 수많은 선택을 하면서 살아간다. 그럴 때 나는 내 선택을 의심과 걱정이 아닌 '책'이라는 멘토를 통해 지혜를 얻는다. 책은 새로운 나를 발견하고 내가 원하는 삶을 살아갈 수 있도록 길잡이가 되어준다. 이젠 내가 '책'이라는 멘토를 통해 어려운 사람들에게 따뜻한 희망 메시지를 전하고 싶다.

NO.26

박해리

❑ 소개

1. Italy Milano International Music Festival Orchestra 연주
2. 2024 삿포로교류오케스트라 연주
3. 이음심포니커 대표
4. 2025 국제교류연주회(가와고에) 연주

❑ 연락처

1. 네이버 블로그: 이음심포니커(Ieum Symphoniker)
   https://m.blog.naver.com/ieum_symphoniker
2. 유튜브 채널: 이음심포니커(ieumsymphoniker)
   https://youtube.com/@ieumsymphoniker
3. 이메일: ieumsymphoniker@naver.com

바느질이 준 삶의 보석

10여 년 전부터 나를 만난 사람들은, 하나같이 말했다. 내가 끈기와 꾸준함의 대명사라고. 1년 만에 만나도, 몇 년 만에 만나도 이전에 하고 있다던 것들을 계속하고 있다며 놀라곤 했다. 언젠가 그런 이야기를 말씀드렸더니, 나의 부모님은 이렇게 말씀하셨다.

"네가? 네가 끈기가 있다고?"

지금의 나를 아는 사람들은 상상할 수 없겠지만, 어린 시절의 나는 작심삼일이었다. 호기심은 많아서 하고 싶은 것은 참 많았지만, 어떤 것이든 흥미가 오래가지 못했다. 친구들이 피아노 학원에 가는 것을 보고 부모님께 학원에 보내달라 졸랐다. 부모님은 어려운 형편에 학원비를 마련하여 보내주셨지만, 나는 이내 연습이 힘들고 지루하다며 싫증을 냈다. 그 후로 내 부모님은 더 이상 내 이야기를 들어주지 않으셨다. 지금 돌이켜 생각해 보면, 아주 평범한 어린아이의 행동이었지만, 형편이 넉넉지 않은 가정에서 어린아이의 호기심 충족만을 위하여 초기 투자 비용을 들인다는 것은 어려운 일이었다. 그렇게 부모님에게 나는 끈기 없고 호기심만 많은 아이로 기억되었다.

입사 면접에 최종 통과 후, 처음 출근하기 전, 어디에도 매여있지 않은 자유시간을 잠시 갖게 되었다. 그러자 그동안 참아왔던 어릴 적 호기심이 다시 고개를 들었다. 수많은 하고 싶던 것 중에서 미싱 바느질이 제일 먼저 관심이 가서 문화센터를 찾아가 배우기 시작했다. 아침에 문화센터 강사가 출근하는 시간에 같이 출근해서 점심도 같이 먹고 같이 퇴근하며 종일 배웠다. 미싱 바느질 프로그램의 모든 과정을 쉬지 않고 수강하여 끝까지 완료했다.

단기간에 구체적인 성과가 나오니 신이 났다. 한 달여 동안 하루 종일 하는데도 전혀 지치거나 지루하지 않았고, 너무나도 재미있어서 푹 빠져서 했다. 그리고, 마지막 과정까지 수강 완료했을 때 처음 느껴보는 뿌듯함을 느꼈다. 그것은 끝까지 마무리했을 때 비로소 느낄 수 있는 성취감이었다. 그 순간이 바느질이 나에게 끈기와 꾸준함이라는 보석을 준 전환점이었다.

그 후로 해보고 싶던 수많은 것들을 시도하고 배워보면서, 차차 정리하고 수렴해 갔다. 초반 수년간은 다양하고 얕게 접해보면서 오래 꾸준히 하고 싶은 것을 찾아냈다. 그렇게 찾은 것 중 하나가 한국자수였다. 미싱 바느질에서 시작해서 여러 종류의 손바느질, 그리고 마침내 손바느질로 그림을 그리는 한국자수까지 접하게 되었다. 한국 자수 작업은 머릿속이 복잡할 때 나에게 휴식을 주었다. 또한 오랜 시간 작업한 끝에 훌륭한 가시적인 성과물을 얻었을 때 큰 성취감을 느꼈다.

꾸준히 하고 싶은 것으로 찾은 다른 하나는 바이올린이었다. 처음에는 연습도 힘들고 해도 해도 늘지 않고, 반복되는 수업 내용이 지루하기도 했다. 어린 시절 피아노 배울 때도 이러했겠구나 싶었다. 그러나 이제는 달랐다. 슬럼프가 오던 때도 여러 번이었으나, 쉴지언정 그만두지 않고 묵묵히 했다. 산도 넘고 물도 건너듯, 여러 번의 슬럼프를 넘기고 꾸준히 배우고 연습했다.

연습할 시간이 없으면, 꾸준히 배우기만이라도 했다. 작은 연주 활동도 기회만 되면 마다하지 않고 했고, 오케스트라 활동도 약 15년 이상 꾸준히 했다. 중간에 쉬기도 했지만, 그대로 멈추지는 않았다. 그 덕분에, 이제는 남들에게 들려줄 만큼의 실력을 갖추게 되었고, 지금은 오케스트라 대표로 활동하고 있다. 바이올린을 통하여, 나의 끈기와 꾸준함은 더욱 발전해 갔다.

힘들면 잠시 쉬어도 되지만, 그만두지 말자. 멈추면 그 자리에 머무르게 되지만, 단 한 발짝이라도 떼면 목표에 한 발짝만큼 가까워진다. 오래 걸려도 언젠가는 목표에 도달할 수 있다. 이러한 생각으로 힘들고 길었던 박사과정 또한 포기하지 않고 끝까지 해냈다. 그리고, 그 과정에서 나의 끈기와 꾸준함은 더욱 노련해졌다. 이 모든 것의 시작은 미싱 바느질 수업 과정을 완료했을 때 느꼈던 성취감이었다.

NO.27

최순덕

❏ 소개
1. 직무지도위원 ,근로지원인 활동 중
2. 코리안투데이 시민기자
3. 사회복지사, 재난관리사
4. 데이터라벨러, 사전연명의료의향서 상담사
5. 전자책 작가 20권 등록 (100권 도전 작가)
6. 종이책 공동저서 4권 출판
7. 닉네임: 블레싱 메신저, 평생학습자

❏ 연락처
1. 네이버 블로그: 명언 길라잡이 (blog.naver.com//csdkso0691)
2. 유튜브 검색: 시니어 클릭세상

최선의 선택으로 얻은 자유!!

　시간의 자유를 누릴 수 있는 지금이 너무 소중하다. 미국에 있는 딸의 집에서 허드슨강을 바라보며 글을 쓴다. 42년간의 직장 생활을 마친 내게 주어진 최고의 선물이다. 과거에는 몰랐다. 자유가 얼마나 큰 행복인지. 이제야 그 가치를 깨닫고 마음껏 누린다.
　2022년 11월 30일, 마지막 출근을 마치고 돌아오는 길. 내일 다시 출근하지 않아도 된다는 현실이 실감 나지 않았다. 퇴직 후 허전함이 밀려왔다. 홀가분함보다 낯섦이 앞섰다. 매일 정해진 일정 속에서 살다가 갑자기 자유가 주어지니 어색했다. 그러나 시간이 지나면서 서서히 깨닫기 시작했다. 마치 새처럼 자유롭게 날아오르는 기분이었다.
　1980년, 보성아산병원에 취직했다. 광주에서 학창 시절을 보냈지만, 직장은 보성군에 소재한 시골 종합병원이었다. 1~2년만 다니다가 도회지로 나가려 했지만, 예상보다 오래 머물렀다. 3년의 경력이 쌓일 무렵, 광주에 새로 생긴 종합병원으로 이직할 기회가 찾아왔다. 고민 끝에 남기로 결정했다. 그 선택이 내 인생에서 가장 현명한 결정이 되었다. 이직을 결심했던 병원은 얼마 지나지 않아 폐업했다. 만약 옮겼다면 직장을 잃었을 것이다. 남았던 덕분에 1989년 2월, 재단 산하 서울아산병원으로 전직할 기회를 얻게 되었다.

서울행은 쉽지 않은 선택이었다. 하지만 간절함과 하나님께서 주신 용기로 결단을 내렸다. 그 선택 덕분에 시골 병원 출신인 내가 서울 대형 종합병원에서 33년을 근무할 수 있었다.

서울에서의 직장 생활은 단순한 생계가 아니었다. 결혼, 육아, 자녀 교육 등 인생의 중요한 순간들이 함께했다. 동료들은 대부분 고학력자이었고, 업무적으로 비교될 수밖에 없었다. 하지만 시골 병원에서 다양한 경험을 쌓았던 덕분에 업무 적응은 어렵지 않았다. 학력은 최하위였지만, 업무에서는 누구에게도 지고 싶지 않았다. 최선을 다했고, 마지막 날까지 후회 없이 일했다.

삶의 변화 속에서도 포기했던 학업을 다시 시작했다. 열린사이버대학(OCU)에 입학해 4년간 공부하며 학사 학위를 취득했다. 2004년, 또 다른 터닝포인트가 찾아왔다. 물류 팀으로 부서를 옮기면서 대학원에 갈 기회가 생겼다. 학업의 필요성을 절감했고, 미리 준비한 학사 학위 덕분에 대학원의 문턱을 넘을 수 있었다. 이후 퇴직 4년 전, 또 한 번의 터닝포인트를 맞이했다. 중간관리자 자리에서 밀려났지만, 새로운 환경에서 일하고 싶었다. 희망했던 부서는 인원을 감축 중이었지만, 결국 하나님께서 길을 열어주셨다. 마지막 4년 동안 새로운 업무를 경험하며 의미 있는 시간을 보냈다.

환자 관리 업무는 나의 마음가짐과 태도에 따라 스트레스 여부가 결정되었다. 환자나 보호자 관점에서 최선을 다해 경청하고 도움을 주려 노력하면 민원이 최소화된다는 점을 깨달았다. 모든 문제를 해결할 수는 없지만, 상대의 마음을 이해하고 공감하는 것이 중요했다. 그 시간을 통해 나는 진정한 만족을 느꼈다.

퇴직을 앞두고 42년의 경험을 기록하고 싶었다. 책을 쓰고 싶었지만, 혼자서는 엄두가 나지 않았다. 그러던 중 책 쓰기 코치를 만나 자녀 교육서를 써보라는 조언을 들었다. 워킹맘으로 살아오면서 특별한 교육 철학이 없다고 생각했지만, 첫째 딸이 하버드 로스쿨을 졸업하고 변호사가 된 것과 둘째 딸이 성균관대에서 공부한 경험이 글의 토대가 되었다. 책을 출간했고, 워킹맘들에게 선물했다. 예상보다 많은 피드백을 받으며 보람을 느꼈다. 이후 공동 저서 네 권을 출간하며 글쓰기의 즐거움을 알게 되었다.

퇴직 후에도 배움을 멈추지 않았다. 사회복지사 자격증을 취득하고, 사전연명의료의향 상담원으로 활동하며 누군가에게 도움을 줄 수 있었다. 경제적 자유는 완벽하지 않지만, 시간의 자유를 누릴 수 있는 것만으로도 만족스럽다. 현재는 장애인 직무 지도원으로 활동하며 새로운 역할을 이어가고 있다.

퇴직은 끝이 아니라 새로운 터닝포인트였다. 이제는 남들과의 경쟁이 아닌 나만의 속도로 살아간다. 책을 읽고, 글을 쓰며, 하고 싶은 일을 한다. 바쁘게 살아왔던 지난날을 돌아보면, 지금의 여유가 얼마나 큰 축복인지 새삼 깨닫는다.

모든 순간이 터닝포인트였다. 과거의 선택들이 오늘의 나를 만들었고, 앞으로의 선택도 하나님께서 주관해 주실 것이라 믿는다. 인생 2막을 더욱 의미 있게 살아가며, 배움과 도전을 멈추지 않을 것이다. 지금, 이 순간을 소중히 여기며, 새로운 가능성을 향해 나아간다.

NO.28

유병권

❏ 소개

1. 제25회 서울 독립 영화제 우수작품상
   제목 : 시나리오
   감독 : 유병권
2. 전자책 출간
   제목 : 살려 주세요
   작가 : 유병권

❏ 연락처

1. 네이버 블로그: 유병권의 꿈에 공장
2. 유튜브: 유병권의 꿈에 공장
3. 연락처: mental0820@naver.com

내 마음의 그릇이
작다는 것을 깨달은 순간

　난 1999년도 제25회 서울 독립 영화제에서 단편영화로 우수 작품상을 수상했다. 19살 때 일이다. 그때 난, 내가 대단한 사람이고 천재 감독이라고 생각했었다. 구름 위에 떠 있는 기분이었다. 그러다 내가 영화에 자질이 없다는 걸 34살에 깨달았다. 내 자만심과 자신만만한 태도는 34살 2014년도에 깨지고 말았다. 난 왜 나를 몰랐을까? 난 울었다. 그리고 또 반성했다. 영화제에서 상을 탄 것은 우연이었다. 이렇게 생각하는 것이 마음에선 편안하다. 인간의 자만심. 정말 대단하더라!
　내가 최고라는 자만심? 하나님께 기도드립니다. 왜 내가 자만심에서 벗어나지 못하고 있었을까? '아 ~ 난 인간이구나'라는 생각과 함께 그릇이 작은 사람이라는 생각이 번개가 스치듯 내 머리를 강타했다. 왜 난 19살 때 좋은 기분과 붕 떠 있는 걸 느꼈던 걸까? 이건 하나님이 주신 내 운명이라고 생각한다. 영화제에서 상을 타고 롤러코스터를 타는 기분의 상승과 하락을 느꼈다는 건 최고의 값진 경험이었다고 생각한다. 이런 룰을 끊는 계기가 있었다. 바로 세월이다.
　1999년에서 2025년도까지 25년간의 세월이 번개같이 흘러

갔다. 난 뒤를 돌아봤다. 나 자신을 돌아봤다. 25년간 한 거라곤 아무것도 없었다. 영화제의 수상으로 붕 뜬 기분으로 25년간을 살다 보니 내겐 집도 차도 스펙다운 스펙도 없었다. 소위 말해 아무 경력 없는 초보자란 단어가 박혀있었다. '이제 난 어떻게 하지? 어떻게 살지? 뭐 해 먹고 살지?'라는 기초적인 본능만이 남아 있었다.

어떤 때는 '내 그릇이 작은가?, 내 그릇이 너무 작아서 담긴 물들이 철철 흘러 다니는 건 아닌가?, 내가 너무 큰 허황된 꿈을 꾸고 있는 건 아닌가?'라는 생각을 자주 했다.
나는 묻는다. '어떻게 하면 내 그릇이 커질 수 있을까?'
결론은 아니지만, 자기의 그릇은 어느 정도 정해져 있다고 본다. 노력이 반 운명이 반 차지하는 걸로 생각하고 있다. 내가 세상을 45년간 경험한 바로는 노력만으로 다 되는 건 아니란 걸 느꼈다.
운도 필요하고 노력도 필요하고 좋은 상황과 기회도 필요한 것 같다. 난 세상 최고의 영화감독이라고 자부하며 뜬구름을 잡고 있을 때 생각이란 걸 하기 시작했다.
내가 마음에 그릇이 작다는 걸 늦게 깨닫고는 무언가가 내 가슴속에서 소용돌이가 치고 있었다. 바로 내가 마음에 그릇이 작다는 생각은 내 자만심을 누르는 아주 좋은 긍정적인 마인드가 포함된 것이었다. 내 생에 터닝포인트는 1999년도에 서울 독립 영화제에서 상을 탈 때라고 생각한다. 상을 타고난 후와 상을 타지 못했을 때의 마음가짐은 180도 다르다는 걸 느꼈다. 이 사건은 나에게 큰 교훈을 준 최대의 상황이었다.

상을 타지 못했다면 내가 어디로 흘러가며 살았을까?라는 생각도 해 본다. 소주컵과 맥주컵은 크기도 다르고 폭과 길이도 다르다. 소주컵보다 맥주컵이 좋은가? 맥주컵보다 소주컵이 좋은가? 컵 종류를 좋다 나쁘다로 구분 지울 수 있을까? 어떤 컵을 사용하는가는 사람에 취향일 뿐이다.

난 지금 세상이 다르게 느껴진다. 영화제에서 수상한 건 나에게 뒤를 돌아볼 수 있는 여유를 준 아주 고마운 사건이었다. 내 인생에 획을 그은 사건이었다. 이 기회를 통해서 난 많은 걸 배웠다. 터닝포인트를 겪고 나서 나는 자중했다. 나 자신의 결점 즉 단점 및 장점을 찾고 배우고 있다. 그럼, 이제 또 다른 터닝포인트가 생길까?

아직까진 또 다른 터닝포인트는 겪어 보지를 못했고 마음속에 다가오지도 않았다. 난 하나님께 정말 감사하다고 말하고 싶다. 영화제에서 상을 타서 인간의 자만심이 뭔지를 뼈저리게 느꼈기 때문이다. 난 천재도 아니고 아주 멍청하지도 않고 그냥 하나님이 만들어낸 하나의 인간에 불과하다. 그릇이 작은 나, 인간인 상태로 태어나게 해 줘서 고맙다는 걸 느낀다.

NO.29

한기수

❏ 소개
1. 한국남성행복심리상담연구소
2. 여여나무연구소 국장
3. 학교 방과 후, 늘봄, 들봄 전래 놀이 다섯 학교 진행중 현재 2년간 강의 진행 중 인기 강사
4. 학교 체육전문 강사
5. 개인시집 전자책 시집 2권(1권 베스트셀러 등극)
6. 옴니버스 시리즈 50인 공저 2, 3, 4, 5, 6편 (베스트셀러 등극) 8편 내 삶을 바꾼 터닝포인트 준비
7. 한국작가 협회 김해지부 준 회원

❏ 연락처
1. 블로그: https://blog.naver.com/rltn1334
2. 네이버 검색: 한기수 010-9763-1334
3. 한국남성행복심리상담연구소 무료 상담하고 있습니다. 부부상담. 남성전문상담. 성예방상담. 청소년상담. 성상담

촉법소년, 소녀들이 내게 준 마음

참 많은 생각이 든다. '*중고 검정고시를 끝내고 과연 늦은 나이에 내가 할 수 있는 게 있을까?*' 전기, 미장 정비공 선원, 농사, 마트, 판매원 다단계 외 많은 직업을 경험했다. 여러 가지 일을 했지만, 정작 내가 즐겁게 할만한 일은 찾지 못하고 바보처럼 허송세월하였다.

그러던 어느 날, 아는 형사 한 분이 내게 금요일에 촉법소년, 소녀들이 사고 치고 상담받고 교육하는 곳에서 하루만 그 아이들에게 인생 상담해 주면 안 되느냐고 부탁이 왔다. 처음에는 거절했다. 그때는 말주변도 없었고 20명 되는 사람들 앞에 서는 용기가 나지 않았다. 그래도 혹시나 해서 두 아들에게 물어보니 무조건 가라고 했다. 내 비주얼이나 살아온 삶에서 할 이야기가 많을 거라면서 용기를 내라고 말해 주었다.

그렇게 아이들과 마주했다. 그들의 궁금한 질문을 듣고 이야기하고 내 삶을 섞어가면서 진정성 있게 아이들과 소통했다. 나름대로 반응도 좋았고, 선생님들도 좋아하셨다. 돌아오는 차 안에서 많은 생각을 했다. 자연스럽게 내 청소년기의 추억이 떠올랐다. 나도 힘든 청소년 시기를 보냈고 어렵게 사회생활을 했다. 직장에 다니면서 부산 디지털 대학교 아동·청소년학부에 입학했다. 심리 상담도 병행으로 공부했고 사회복지과 복수 전공으로 두 개의 국가 자격증과 두 학위와 졸업장을 받았다.

나는 이거다 싶으면 미친 듯이 파고드는 성격이다. 학위를 따고 관련 공부를 하면서 민간자격증을 70개 정도 취득했다. 그 속에 노인 관련 자격증도 포함된다. 많은 책을 읽고 관련 상담도 하면서 의문이 들었다. *'과연 모든 문제가 청소년기 아이들만의 문제일까?'* 그래서 가족 상담과 부모 상담, 부부 상담 등을 공부했다. 공부하기 전에는 몰랐다. 그냥 그 아이들의 이탈로만 생각했다. 하지만 시간이 지나면서 알았다. 우리 어른들이 자라나는 아이들에게 얼마나 어리석고 바보 같은 언행을 하고 있었는지 알게 되었다.

난 아이들을 좋아한다. 다른 선생님들도 말한다. 아이들과 노는 것을 내가 더 좋아하는 것 같다고 말이다. 지금 하는 늘봄 체육 놀이에서 난 미친 듯이 아이들과 논다. 초등 1~3학년 아이들은 요즘 놀지를 못한다. 운동도 학원에 가서 한다. 흙을 묻히며 뒹굴며 하는 놀이는 생각뿐이다. 학원에서조차도 땀을 흘리며 놀지 못한다. 부모들의 성화 때문에 시간으로 때운다. 늘 봄 수업을 하면서 아이들에게 많은 것을 배운다. 아이들과 함께하는 새로운 게임에서 그들의 말을 배운다. 그래서인지 책임감도 생기고 내 생각과 행동도 조금씩 변해간다.

그때 그 소년, 소녀들을 만나지 못했다면 지금의 나는 무엇을 하고 있을까? 아미 지금보다는 즐겁지는 못했을 것이다. 4년 가까이 수업을 하면서 아이들에게 강조하는 것이 있다. 늘 첫 수업 들어갈 때 말해 준다.

"못 하겠어요" ▶ 선생님 봐주세요. 라는 말.
"자신 없어요" ▶ 이 도전을 겁내는 아이.
"힘들어요" ▶ 이 말은 운동을 싫어하는 아이다.
선생님이 제일 싫어하는 말이다. 그래서 해 봐야 한다.
그래도 안 되면 하나씩 하면 된다.
이런 말들을 늘 강조했다.

줄넘기가 안 된다고 하던 아이가 울면서 10개를 성공하고 내 품에 안겨서 웃는 아이도 있다. 자신감을 심어 주는 목적이다. 인성도 중요하고 인품도 중요하다. 아주 예의 바른 아이가 포기하는 습관을 지니면 안 좋은 거라고 생각한다. 나의 수업은 땀을 흘려야 한다. 예외는 있지만, 열심히 뛰게 만든다. 규칙도 가르친다. 난 지금도 상담한다. 특히 부모 상담에 치중한다. 작은 계기가 아이들을 생각하게 했다. 내일에 있어 열심히 노력하고 배우는 나를 사랑한다.

'촉법소년, 소녀들이 내게 준 마음' "나를 이기지 못하면 다른 사람을 넘어설 수가 없다." 운동하면서 가슴에 담았던 말이다. 그렇게 난 오늘을 살아간다.

NO.30

권오성

❏ 소개

1. 해병대 부사관 10년 복무
2. 신혼부부 경제개념 연구소 대표
3. 신한라이프 FC / 1인 기업가
4. '신혼삼합(MTC)' 커리큘럼 개발자

❏ 연락처

네이버 카페 검색: 신혼부부 경제개념 연구소

도전이 두려웠지만, 후회가 더 두려웠다

'왜 우리 집은 화목하지 않을까?'
이 질문이 늘 머릿속에 맴돌았다.

나는 경상도에서 태어나고 자란 안동 권씨다. 전형적인 가부장적 분위기 속에서 소통하지 못해 힘겨웠다. 게다가 초등학교 5학년 때, 아버지의 교통사고로 우리 집은 재정적으로도 무너졌다. 이후 부모님과 나와 내 동생은 숨쉬기도 비좁은 단칸방에서 10년을 넘게 살아야 했다.

그 시절을 떠올리면 늘 아쉬움이 남는다. 경제적인 대화가 자연스럽지 않았다. 어머니는 적금만 고집하셨고, 아버지와는 돈 얘길 꺼내기도 쉽지 않았다. 나는 그 시절 돈에 대한 무지함과 대화의 단절이 우리 가족 고통의 시간을 더 길게 만들었다고 생각한다.

'겁쟁이로 살고 싶지 않아!' 라고 다짐했다.

이 경험은 오히려 '경제적 자립과 소통의 중요성'을 내 뼛속까지 새겨주었다. 나는 자립하기 위해 해병대로 입대했다. 등록금을 마련하기 위해 부사관으로 전환했고, 10년간 이를 악물고 버텼다. 점차 적응하면서 재테크와 부동산에 관심을 갖기 시작했고, 자산이 모이기 시작했다. 그러면서 삶에 대한 자신감도 생겨났다. 하지만 마음속엔 질문이 맴돌았다.

'이게 정말 내가 원하는 삶일까?' 공무원으로 매달 들어오는 월급은 안정감을 주었다. 하지만 자유롭지 못한 삶은 점점 숨 막히게 목을 조여왔다. 그때 문득 머릿속이 번쩍했다. '*도전 한번 해보지 못하고 죽으면, 나는 죽을 때까지 후회할 거다.*' 이 두려움이 나를 엄습했다. 결국 전역을 결심했고, 그 선택이 첫 번째 인생 터닝포인트가 되었다.

*'나는 진짜 무엇을 원하는가?'*라고 질문했다.

다양한 사업에 도전했지만, 현실은 냉혹했다. 수차례 실패하며 나에게 물었다. *'네가 정말 원하는 게 뭐야!"* 간절하면 이루어진다고 했던가? 성공한 사람들의 생각을 배우고 다양한 경험을 들으며, 삶의 방향을 다시 설계할 수 있는 곳을 만나게 됐다. 그리고 방황하는 신혼부부들에게 실질적인 도움을 주고 싶은 나를 발견했다.

방황하며 돈에 휘둘리지 않고, 소통으로 외로움에 갇혀있지 않길 바라는 간절함이 내 속에서 일어났다. 서로를 이해하고 소통하며, 돈에 관해서도 건강하게 대화할 수 있는 관계. 건강한 부부 관계를 만들어주는 것. 그게 내가 진심으로 하고 싶은 일이었다. 이 발견이 두 번째 터닝포인트가 되었다.

곧바로 '신혼부부 경제개념 연구소'를 설립했다. 그동안 생각들을 정리해 '신혼삼합(MTC)'이라는 개념을 만들었다. Mindset(마인드), Thinking(경제개념), Communication(소통).

이 세 가지를 기반으로 신혼부터 함께 경제개념을 맞추고, 같은 목표를 향해 나아가는 길을 제시했다.

이 개념을 우리 부부에게 먼저 적용했다. 계획적인 아내 vs 즉흥적인 나. 성향 차이로 갈등도 있었다. 하지만 가계부를 작성하기로 결정했고 소비 습관을 점검하며 함께 재테크를 실천해 나갔다. 서로의 소비 습관과 감정까지 점검하는 루틴을 만들어 실천했고 빠지지 않도록 노력했다. 계속해서 차이를 이해하고 존중하는 방법을 배워서 적용했다. 이후 경제 지식은 물론, 부부관계도 점점 더 좋아졌다. 돈에 관한 대화가 익숙해지니 속 얘기도 나누게 되고 '돈'이 갈등의 원인이 아닌, 관계를 이어주는 도구가 되었다.

이때 경제 교육이 단순히 돈 모으는 기술이 아니라, '가정을 지키는 힘'이 된다는 것을 알았다. 그리고 진짜 소중한 깨달음은 '소통'이 더 가치 있는 강력한 자산이라는 거다.

이 경험을 바탕으로 신혼부부에게 실질적으로 적용할 수 있는 교육 프로그램을 만들었다. 신혼부터 경제개념을 맞추고 재테크를 실천하는 것이 행복한 부자로 가는 길이다.

나는 진정으로 원하는 삶을 만들어 가고 있다. 전역을 결심했던 순간, 신혼부부를 돕기로 했던 순간, 신혼부부 경제개념 연구소 설립의 순간, 모든 순간은 터닝포인트였고, 그 선택들이 지금의 나를 만들었다. 앞으로도 나는 계속해서 도전할 것이다. 그리고 선택할 것이다. 나의 도전이 더 많은 사람의 삶에 긍정적인 변화를 전할 수 있기를 진심으로 바란다.

4장

내 삶의 큰 물결

31. 김종호
내 삶의 큰 물결

32. 이정혜연
내 삶을 바꾼 《논어(論語)》

33. 최형임
직업으로 본 터닝포인트

34. 이정인
인생 후반전을 살아내는 다정한 방식

35. 최마리
전문가의 감정돌봄 교육 이론 개발과 성장

36. 김지영
내 인생을 바꾼 유아교육과 글쓰기

37. 차에스더
절망에서 부르심으로

38. 김혜경
시어머니 유품 정리

39. 최윤정
답은 내 안에 있다

40. 정세현
혼란과 상실의 시대 생각의 전환

NO.31

김종호

❏ 소개

1. BMCT 홈닥터(뇌인지 / 마음 / 언어 상호작용 지도사)
2. 웰다잉 전문강사, 사전연명의료의향서 상담사
3. 생명존중·생명나눔 전문강사
4. 전직 군인(해병대 34년 복무)
5. 인성·상담·리더십·임무지휘 교관
6. 양성평등 전문강사
7. 전문상담사, 군상담 슈퍼바이저
8. 닉네임: 떡보

❏ 연락처

전화: 010-8571-0063

내 삶의 큰 물결

내 삶의 터닝포인트는 무엇이었을까? 이는 내 안에서 어떤 '의미의 전환'을 일으켰는가에 달려 있다. 그래서 내 인생을 역추적해 본다. 삶의 방향이 크게 바뀌었던 순간이 있었나? 가치관이나 삶의 태도가 크게 달라졌던 경험은? 그 이전과 이후로 삶을 나눌 수 있는 사건은? 등등. 그러고 보면 몇 가지가 있네. 지면 관계상 두 가지만 말하련다.

■ 내 인생의 변곡점 두 가지
1. 해병대 장교가 된 것

나는 3남 2녀 중 막내로 태어났고 어릴 때부터 잔병치레가 많았다. 엄마 젖이 부족해서 할머니가 떡을 갈아 먹였는데 하도 잘 먹어서 "떡보"라는 별명을 지어주셨다고 한다. 막내다 보니 어린 시절부터 가족들의 보살핌과 사랑 속에서 자랐다. 특히 할머니와 어머니의 극진한 간호와 돌봄으로 그나마 느릿느릿 성장할 수 있었다. 동네 사람들은 나를 돌 크듯이 큰다고 했다. 그만큼 성장 속도가 느렸고, 아홉 살에 초등학교를 입학했다.

고등학교를 졸업할 무렵 나는 대학을 가고 싶었다. 농사짓는 우리 집 형편에 형·누나들은 공장에 다니는 처지라서 그냥

대학에 보내달라고 하면 안 될 것 같았다. 그래서 엄마에게 차근차근 설명했다. 대학 입학금만 마련해 주면, 그 나머지는 내가 알아서 하겠다고 했다. 그 말을 전해 들은 아버지는 별 반응이 없었고, 형·누나들에게는 엄마가 전달했는지는 아직도 잘 모른다.

여하튼 그렇게 떼를 쓰듯이 하여 대학 입학을 할 수 있었다. 하지만 생활비를 포함해서 등록금 등을 어떻게 마련해야 할지 고민이 되었다. 한 달에 한 번씩 집으로 내려와서 엄마에게 부탁했다. 당분간 생활비와 등록금은 우선 엄마가 해결해 주면, 졸업 후 다 갚겠다고 했다. 그사이 나는 아르바이트 등을 알아보았다. 엎친 데 덮친 격으로 입영 통지서까지 날아왔다. 그러던 어느 날 대학 게시판에 해군·해병대 장교 모집 포스터가 붙었다. 시골에서 함께 올라온 대학 동기들에게 장교 시험에 같이 응시해 보자고 했지만 한마디로 꿈 깨라는 식이었다. 하지만 난 미련을 버릴 수 없었다. 대학 4년 동안 등록금을 국가에서 지원해 주고, 졸업 후 소위로 임관하면 학비와 군 문제가 자동으로 해결되기 때문에 포기할 수 없었다.

대구지방병무청에서 면접시험은 아직도 생생하다. 키를 물어보는 질문에 "예. 1,620mm"입니다. (중략) 이렇게 하여 졸업 후 해병대 소위로 임관했다. 이후 34년간의 군 생활로 나를 다졌고, 매사 자신감과 내 인생의 프라이드로 남아 있다.

2. 웰다잉에 입문한 것

군 생활을 뒤로하고, 이제 자연인이 되었다. 해가 바뀌어 단조로운 일상이 연속되면서 많이 느끼는 것은 출근할 데가 없고 요일을 잊었으며, 가사 노동에 익숙해져야 한다는 것, 주간보다 야간이 마음 편하다는 것 등이다. 그래도 손주들과 함께하는 시간과 웰다잉 서적을 훑어볼 수 있는 것이 큰 즐거움이기도 하다.

한편, 사회 초년생으로서 무엇을 할지 많이 생각했다. 내 가슴이 시키는 일, 또래 연령층과 함께 할 수 있고, 보람을 느낄 수 있는 일을 찾아 헤맸다. 그래서 찾은 일이 '웰다잉'이다. 의미 있는 삶과 존엄한 마무리 등으로 이해되는 이 용어에 매료된 데는 내가 찾는 조건에 가장 적합하다고 생각했고, 무엇보다 새로운 인생 준비에 설렘으로 다가왔기 때문이다.

웰다잉에 관심을 가지게 되고 자격증 교육까지 받으면서 조금씩 알게 되니 삶의 목적과 의미가 무엇인지 머릿속을 계속 맴돌고 있다. 그리고 죽음에 관한 생각도 조금씩 변하고 있다. 일전에는 삶과 죽음이 별개의 것이며, 머무는 곳에서 잘 죽으면 끝이라는 생각이 많았다. 그런데 지금은 삶과 죽음이 한 뿌리이며, 육체는 자연으로 돌아가고, 죽음 이후에는 영체(육체와 구분되는)로 옮겨간다고 생각한다. 죽음에 대한 두려움도 없어지고, 존경하는 어머니를 죽어서 만날 수 있다고 생각하니 설렘도 많아진다.

NO.32

이정혜연

❑ 소개
1. 한국고전번역원 연수과정 졸업
2. 한문번역가
3. 한자한문전문강사
4. 명리학교육강사
5. 도봉문화정보도서관 고전인문(논어) 강사
6. 직업상담사 2급
7. 한국전통과학아카데미 학술위원
8. 닉네임: 바람

❑ 연락처
전화: 010-3318-3939

내 삶을 바꾼《논어(論語)》

　나는 평범한 삶을 살아왔다. 남에게 피해 주지 않고 하루하루를 벽돌처럼 성실히 쌓아 올리는 것이 옳다고 믿었다. 그랬기에 인생의 터닝포인트는 나와 거리가 먼 이야기였다. 하지만 변화는 예고 없이 찾아왔다.
　방황과 의문, 쫓고 쫓기는 감정이 일상을 파고들었다. 해와 달, 몸과 신발처럼 가까이 있으면서도 때때로 멀어져야 공(功)을 이루는 삶. 깊은 밤 철학서를 뒤적이고, 새벽 산사를 올랐다. 대낮에 강의하고, 길가의 식물을 바라보면서도 내면은 늘 흔들렸다.
　1년 넘게 이어진 불면증은 몸과 마음을 지치게 했다. 운전석에 앉으면 술에 취한 듯 정신이 아득했다. 죽음은 멀지 않았다. 죽고 싶다기보다 죽어야만 할 것 같았다. 누군가가 나를 죽여주었으면 하는 생각이 들기도 했고, 로드킬 당한 동물의 시신을 보며 그 속으로 사라지고만 싶었다.
　나는 '한겨울 산의 나목(裸木)'처럼 세상과 단절된 존재가 되었다. 성실히 가꿔온 삶과 '나'라는 인간이 한순간에 사라진 듯했다. '벗었다'가 아니라 '벗겨졌다'라는 말의 두려움 속에 무력하게 무너져 내렸다.
　죽음에 대한 생각이 무르익던 어느 날.

신(神)이 나에게 속삭였다.

"죽기 전 마지막 소원이 있다면 말해봐. 풀지 못하고 죽으면 원한이 되는 것이야."

나는 대답했다.

"공부하고 싶어. 공부하다가 교실에서 죽어도 좋아."

"무슨 공부?"

"한문 공부... 《 논어 》"

이 짧은 대화는 내 삶을 돌려놓았다. 하늘이 내린 명령처럼 느껴진 그 소명을 따라 나는 망설임 없이 대학원을 휴학하고 동생 집으로 향했다. 작은방 하나에 책과 필기구를 풀어놓고 다시 공부를 시작했다.

한국고전번역원 입학시험에 응시했다. 응시 번호 1번, 간절한 마음 하나뿐이었다. 결과는 합격! 굳게 닫혀 있던 삶의 문이 살짝 열리고 따스한 빛이 스며드는 듯했다.

하지만 진짜 길은 그때부터였다. 공부는 누군가의 말처럼 '고통과 인내의 연속'이었다. 호랑이 같은 스승님은 *"월화수목금금금"*을 강조하셨다. *"공부하는 학생이 주말, 공휴일이 어디 있나? 학생은 공부가 직업이다! 월화수목금금금 살다 보면 월화수목일일일이 되는 기라."* 바로 저분이다. 저분의 말을 믿고 따라야 한다는 내면의 소리가 컸다.

주말도 공휴일도 없이 경전을 읽고, 쓰고, 외우고, 생각하고, 실천하며 살아갔다. 매미가 허물을 벗듯, 양파 껍질을 한 겹씩 벗기듯 내면과 외면이 변해갔다. 매 순간이 금선탈각(金

蟬脫殼) 하는 과정이었다.

4년의 연수 과정을 마친 후에도 부족함을 느껴 다시 부급종사(負笈從師)했다. 호랑이 스승이 이끌어주신 곳은 충남 공주에 있는 용문서원(龍門書院)이다. 한여름, 수박 한 통과 육회 한 근을 사 들고 스승과 제자는 또 다른 한학자 아당(峨堂) 선생님을 찾아뵈었다. 고상한 한복 차림의 선생님은 그야말로 선비의 품격을 지니고 계셨다. 맘에 쏙 들었다.

고아하고 봄바람 같은 스승 곁에서 사사하는 4년 동안 순간순간 잘못을 알아차리고 오랜 습관을 다잡는 연습을 했다. 유학이 가르치는 경(敬)과 성(誠)공부, 그것은 단지 지식을 쌓는 공부가 아니었다. 내면을 닦고 삶을 다스리는 치열한 수련이었다.

만약 고전을 만나지 못하고 스승을 만나지 못했다면 지금의 나는 없었을 것이다. 과거의 무지함을 돌아보며 오늘을 살아가는 경계로 삼고자 한다.

삶의 터닝포인트는 죽음의 문턱에서 만난 《논어》가 스승과 인연을 이어주는 매개물이 되었다. 그리고 배움이라는 끈을 놓지 않았기에 나는 다시 살아날 수 있었다.

지금은 고전과 불멸의 스승 공자, 고전을 전수해 주신 스승님들의 은혜 덕분에 도서관에서 《논어》를 강의하고 있다. 과거의 방황과 고통이 씨앗이 되어 오늘 누군가의 마음에도 작은 울림을 심어주고 싶다.

배움은 삶을 구했고, 가르침은 삶을 다시 꽃피웠다.

NO.33

최형임

❑ 소개

1. 신세계합동녹취속기사무소 대표속기사
2. 신세계속기학원 컴퓨터속기 강사
3. 인천외국어학교 불어교사
4. 한국외국어대학교 불어교육대학원 수료
5. 서울여자대학교 불어불문과 졸업

❑ 연락처

1. 블로그: blog.naver.com 신세계녹취속기사
2. 네이버 검색: 최형임 속기사

직업으로 본 터닝포인트
사사가가(교사>속기사>화가>작가)

 동생과 제주도 여행하면서 우연히 50인 공저 작가에 대한 이야기를 들었다. 언니가 오케이 하면 참가비도 내준다며 동생은 아주 적극적으로 나를 작가의 길로 이끌어주었다. 옛말에 공짜면 양잿물도 마시고, 외상이면 소도 잡아먹는다는 이야기가 있었던가. 그리하여 나는 넙죽 50인 공저 작가의 길에 한 걸음을 내딛게 되었다.
 처음 소개받았을 때 주제였던 2편 『내 삶을 바꾼 책』에 이어 5편 『내 삶의 감사일기』, 『6편 내 삶을 바꾼 질문』, 7편 『내 삶을 바꾼 습관』에 대한 고찰을 마치고 벌써 어느덧 8편 내 삶의 터닝포인트(TURNING POINT)라는 주제로 숙고하고 있는 내 모습이 어렴풋이 의젓하게 느껴진다.
 터닝포인트라고 함은 어떤 상황이 다른 방향이나 상태로 바뀌게 되는 계기 또는 그 지점을 말한다고 사전에 나와 있다. 시기적으로 본다면 나를 낳아주신 부모님이 내 생일을 만들어주신 그날로부터 나의 모든 역사가 시작되었으니 가장 큰 기점이라고 할 수 있겠고, 그다음으로는 부모님과의 작별로 인해 이 세상에 고아가 된 그날 또한 한 개인으로 보면 역사적 기점이라고 할 수 있겠다.

부모님과 함께했던 인생과 부모님 없는 인생은 천지 차이로 온실 속에 있던 화초가 온실 가림막이 없이 불어오는 해풍을 오롯이 맞이하는 그 느낌이다. 이렇게 홀로 나의 인생을 살아가야 한다고 생각할 때 작가라는 타이틀과 화가라는 타이틀, 아직은 미약한 단계이지만 감히 그런 담대한 타이틀을 붙여서 내 직업에서의 터닝포인트에 의미를 실어주고자 한다.

그림은 고등학교 시절 미술 선생님의 권유로 미대 지망을 고려해 본 적도 있었으나 그 시절에는 그저 공부만이 최고라는 인식도 있었기에 선뜻 우겨보지 못하고 일반대학에 진학하게 되었다. 초등학교 때부터 교사가 꿈이었지만 왠지 사범대학보다는 일반대학에서 교직 이수하는 방향이 나에게는 더욱 다양한 체험을 선사할 수 있다는 기대감을 주었기 때문이다.

대학 시절 열심히 공부했고, 지도교수님의 추천을 받아 너무나도 운 좋게 졸업하면서 바로 외국어고등학교 불어 교사로 정식 발령을 받았다. 지금 생각하면 천운이었다. 불어 교사로 학생들 수업 지도하고 담임교사로서는 함께 학생들과 동고동락하면서 정말 나는 교직이 천직이라는 생각을 할 정도로 즐거웠다. 그러면서도 한편 교수로서의 꿈도 꾸게 되었다. 그리하여 불어 교육대학원까지 진학했고 졸업논문을 쓰면서 혹시 나중에 불어 서적 번역을 하게 되면 쉽게 컴퓨터 작업을 하려고 속기도 배우게 되었다.

속기학원에서 또한 열심히 수련하고 있을 때 마침 그곳 속기학원 강사님들이 퇴사하는 바람에 자격을 갖춘 후 학원강사로 부임하게 되고 점차 학원에 넘쳐나는 수강생들을 보면서 나는 역시 교육에 인연이 깊다고 느꼈다. 그러면서 속기학원 학생들을 속기 현장에 배출시키고 속기사라는 직업 세계를 접하게 되었고 그 매력을 느끼게 되어 속기사무소를 설립하고 대표 속기사로 지금까지 운영하고 있다.

지금도 계속 진행 중인 속기사무소는 특별한 광고나 홍보활동 없이도 그저 열심히 성실히 임하는 자세로 하다 보니 날로 번창했다. 2000년 2월 14일 사무소 개소한 이후 2016년 추석까지 일과 가정에만 충실할 뿐 다른 데에는 눈 돌릴 틈을 허락하지 않을 정도로 계속 일로 넘쳐났다.

그렇게 밤낮으로 일하다 보면 장정도 쓰러지겠다 싶게 일하고 일했다. 나도 예외는 아니게 너무 집중하는 일을 계속 밀려 밀려 하다 보니 어지럼증이 왔다. 그래서 요즘은 체력도 회복할 겸 지난 시절 못했던 미술 공부에 관심을 두던 차에 어반 스케치라는 그림 공부를 시작하여 1주일에 2회씩 그나마 쉬어가는 쉼표를 실천하는 중이다.

처음에는 데생부터 시작하여 크로키 배우고 펜화로 붙어서 적 번역 내용에 맞는 삽화를 그려 넣으면 어떨까 해서 시작했는데 수채화도 재미있고 점점 어떤 경계 없이 그저 그리는 과정에서 즐거움으로 빠져들게 되었다.

그러면서 50인 공저 작가로서 원고를 쓰다가 갑자기 '아! 내 글 삽화를 내가 그리면 되겠구나!' 하는 생각이 떠올랐다. '이럴 수가! 이렇게 훌륭할 수도 있구나!' 하며 스스로 대견해하는 시간을 조금 가져본다, 나중에 생각하면 부끄러운 순간일 수도 있겠지만. 나는 '사사가가'라고 외쳐본다.

NO.34

이정인

❏ **소개**

삶의 결을 따라 다정하게 걸어가는 글 작가
흔들리는 마음 위에 글을 쌓으며, 익어가는 중년의 이야기를 기록합니다

❏ **연락처**

네이버 검색: 이정인

인생 후반전을 살아내는
다정한 방식

✓ 팔순의 미소가 남긴 질문

오래전 '행복 상담사'라는 이름으로 행복한 삶을 살아가기 위한 교육과정을 진행하던 시절이 있었다. 그때 83세의 나이로 당당하게 참여한 어르신 한 분은 자신이 어느 도시의 시장으로 일했던 경험을 소개하며 말했다.

"이제 신체적으로는 기운이 없고 교육생 중 나이가 가장 많지만, 그래도 즐겁고 행복한 마음으로 참여했습니다."

그 밝은 미소와 단단한 태도는 내 마음에 깊은 울림을 남겼다. 나이를 먹어간다는 것은 무엇일까? 나는 그날 이후로 나이 듦에 대해 오랫동안 곱씹게 되었다. 나이가 들어간다는 것은 단순히 늙는 것이 아니라, 푸른 삶에서 익어가는 일이라는 사실을 그 어르신은 마음의 온기로 보여주었다.

대한민국은 100세 시대를 넘어 이제는 120세, 140세 시대를 예견하고 있다. 수명은 늘었지만, 그 시간을 어떻게 채워야 할지는 개인의 선택이자 삶의 방향이 되어간다.

✓ 글 위에 놓인 마음의 쉼표

중년의 경계에서 나는 삶의 방향을 다시 묻기 시작했다. 젊음의 에너지에 더한, 삶의 결을 헤아리는 시선으로 나를 바라보아야 하는 시기. 그래서 나는 '글'을 붙잡았다. 글은 내 안을 비추는 거울이자, 나를 이해하는 가장 정직한 방식이었고, 이제는 흔들리며 익어가는 나를 글로 다정하게 안아주는 삶을 살아가고 있다.

"지금까지 나는 어떤 길을 걸어왔는가?"
"이제 어디로 가야 하는가?"

이 질문 앞에서 나는 내가 사랑했던 것들을 떠올렸다. 봄. 여름. 가을. 겨울의 흐름, 자연, 나무, 비와 바람 들풀이 보여주는 자존감, 그리고 무엇보다 나의 아이들. 내 삶을 풍요롭게 채워주었던 이 소중한 존재들.

언젠가 이들과 이별할 날이 오더라도, 내 삶이 멋지고 흥미로운 소풍이었다고 말할 수 있어야겠다는 마음이 들었다. 그래서 나는 **중년의 마음을 채우기 위해 '마음에 대한 글쓰기' 를 시작했다.**

✓ 마음을 꺼내어 품는 시간

글을 쓰기 시작한 것은 지금 생각해도 참 잘한 결정이다. 사람은 누구나 마음속에 저마다의 우주를 품고 살지만, 때로는 너무 바쁘게 살아가느라 그 마음조차 들여다보지 못한 채 흘러가기도 한다. 다양한 사람을 인터뷰하며 알게 된 것은, 정작 자기 마음의 소리는 외면한 채, 세상의 소리만 좇다가 상처와 외로움, 공허함을 마주한 사람들이 많다는 것이다.

그래서 나는 사람들의 상처 위에 위로의 언어를 얹기 시작했다. 글을 쓰기 전과 후, 나의 소통 방식은 많이 달라졌다. 일상의 대화에서 내면을 들여다보는 대화로, 감정을 넘기지 않고 감싸안는 사람들로 내 곁이 채워졌다. 그렇게 나는 깊이를 공유할 수 있는 사람들과의 관계 속에서 더 따뜻해지고 단단해졌다.

나이 듦은 쇠퇴가 아니라, 삶을 더 깊이 이해하고 더 정돈된 품격을 갖춰가는 시간이다. 글이 나에게 가르쳐준 또 하나의 철학이다. 나는 여전히 흔들리지만, 그 흔들림 위에 글을 쌓는다. 그 문장들은 내 안의 상처를 어루만지고, 다시 걸어갈 용기를 건네준다. 말은 흩어지지만, 글은 남는다. 그리고 그 남은 글이 누군가의 마음을 비추는 등불이 되기를 바란다.

✓ 중년, 새로운 축복의 시간

나는 중년의 시간을 늙어가는 시간이 아닌, 또 다른 시작으로 받아들인다. 글이라는 든든한 동반자가 있어 두렵지 않다. 글은 나를 지켜주는 울타리이자, 누군가의 마음에 조용히 닿는 다정한 손길이다. 그리고 나는 이제 안다. 지금 이 삶이, 지금 이 순간들이, 결국 나를 가장 나답게 익어가게 해주리라는 것을.

나는 오늘도 흔들리지만, 그 흔들림 위에 글을 쌓으며 살아간다. 나답게 살아가기 위한 여행자다운 품격을 잃지 않으려 한다. 그것이 바로, 인생 후반전을 살아내는 다정한 방식이다.

NO.35

최마리

❑ 소개
1. 연세대학교 보건대학원 국제보건 전공 연구교수
2. 아프리카 아시아 희망연대 대표
3. 미래의료인문사회학회 부회정
4. 국제보건의료학회 이사
5. 한국의료법학회 이사
6. 아시아태평양공중보건학회 한국사무소 사무총장
   (전)건강보험연구원 연구센터장, 한국보건복지인재원 교수

❑ 연락처
1. 블로그: https://blog.naver.com/rabbitchoi63
   로고아트워크, 희망지킴이 최영순 마리
2. 밴드: 아프리카 아시아 희망연대

전문가의 감정돌봄 교육 이론 개발과 성장

2010년대 초, 오랜 기간 근무한 국책 연구원에서 단독 팀장으로 발령받은 이후 극심한 실존적 공허를 경험했다. 그렇게 마주한 폭력적 상황에서 정체성 혼란이 나타났고, 공황장애와 수면장애로 인해 내면과 일상이 완벽히 망가졌다.

그 위기를 극복하기 위한 전환점으로 남아프리카 에스와티니를 선택했고, 그 여정은 단순한 회복을 넘어 세계 내 존재인 인간으로서 철학과 교육 방향을 송두리째 바꾸는 계기가 되었다.

에스와티니 수도 인근 에줄리니 지역에서 우연히 미국의 의료 선교사를 만났다. 의료 선교사는 남아프리카와 모잠비크 지역에서 에이즈 감염 여성을 대상으로 방문 진료와 산과 수술을 시행하고 있었다. 그 활동에 동참하면서 현지 여성 환자들이 겪는 고통의 실상을 직접 목격했다. 많은 이들이 에이즈에 걸린 채 제대로 된 치료를 받지 못하고 있었고, 영양 상태가 열악한 환경 속에서 약물 치료조차 악화 요인이 되기도 했다. 그럼에도 그들은 웃음을 잃지 않았고, 삶, 고통의 무게를 견디고 있었다.

이 경험은 인간 존재의 존엄과 고통의 의미에 대해 근본적인 질문을 던지게 했다. 이 질문에 답을 찾기 위해 빅터 프랭클의 『죽음의 수용소에서』를 다시 읽었고, 그 속에서 의미에 의지와 삶의 의미를 탐구하게 되었다. 프랭클은 나치 수용소라는 극한의 조건 속에서도 인간이 삶의 의미를 찾을 수 있다고 보았으며, 고통은 피하는 것이 아니라 의미를 통해 견뎌야 할 실존의 일부라고 강조했다. "왜 살아야 하는지를 아는 사람은 어떤 상황도 견딜 수 있다"라는 니체의 말은, 교육과 돌봄의 철학을 새롭게 설정하는 기초가 되었다.

프랭클의 로고테라피를 기반으로, 인간이 자기 초월을 통해 삶의 목적과 가치를 회복할 수 있음을 체험했다. 아울러 칼 로저스의 인간중심 상담이론도 함께 연구했다. 로저스는 조건 없는 수용과 공감, 진정성을 상담의 핵심 가치로 제시했으며, 이는 정서적 상처를 입은 이들의 회복에 실질적인 이바지를 할 수 있는 실천적 도구로서 기능한다는 것을 알게 되었다. 두 이론은 인간 내면의 치유 가능성을 전제하며, 감정돌봄 교육의 철학적 기반을 구성하는 핵심축이 되었다.

이를 바탕으로 감정 인식, 자기성찰, 예술 표현, 의미 탐색을 중심으로 한 체험 중심 감정돌봄 교육과정인 '로고아트워크(Logotherapy-based Art & Writing)'를 개발했다. 이 교육에서는 단순한 감정 표현 훈련을 넘어, 실존적 공허와 의미 상실의 상태에 빠진 이들이 내면을 들여다보고 삶의 가치를 재발견할 수 있도록 돕는다. 특히 그림 그리기와 자기 탐색적 글쓰기를 결합하여 교육 참여자가 자신의 감정을 직접적으로 마주하고, 그 감정을 해석해 삶의 의미를 발견할 수 있도록 구성했다.

감정돌봄 교육과정은 보건의료, 복지, 교육 현장의 전문가들이 쉽게 이해하고 실천할 수 있도록 체계화하였다. 이를 바탕으로 에스와티니에서 교육자 양성 과정을 운영하며 교육과정의 실행 가능성을 검증하고 있다. 해당 과정은 단순히 지식과 기술을 전달하는 그것을 넘어, 의미 기반 회복탄력성(resilience)을 키우고 자기초월적 태도를 실천하게 하는 데 중점을 둔다.

감정돌봄 교육 이론은 감정을 회피하거나 억압하는 것이 아닌, 스스로 해석하고 수용함으로써 새로운 삶의 태도를 선택할 수 있도록 돕는 교육적 도구이자 실존적 철학의 실천 모델이다. 나는 이 교육이 아프리카 55개국에 확산하기를 소망하며, 각 나라에 최소한 한 명 이상의 교육자 제자를 두고자 한다. 이는 교육을 통한 인간 존엄성 회복이라는 비전을 세계적으로 실현하고자 하는 철학적 실천이다.

이 감정돌봄 교육은 단지 한 사람의 회복 여정을 넘어서, 고통과 마주한 이들이 삶의 의미를 되찾고, 자기 삶을 능동적으로 선택할 수 있도록 돕는 새로운 교육철학이자 돌봄의 방향을 제시한다.

NO.36

김지영

❑ 소개

1. 따뜻한 마음과 열정이 넘치는
2. 도전과 성장에 대한 갈망이 큰
3. 前) 13년간 초등학교 컴퓨터 특기·적성 강사
4. 前) 교도소 정보통신 출강
5. 現) 13년간 유치원 교사 & 유아교육 석사
6. 브런치 작가
7. 공저 『내 삶을 바꾼 책』, 『내 삶의 산전수전』
   『내 삶을 바꾼 귀인』, 『내 삶의 감사일기』
   『내 삶을 바꾼 질문』

❑ 연락처

1. 블로그: https://blog.naver.com/papayakim
2. 브런치: https://brunch.co.kr/@jeeyoung2000

내 인생을 바꾼
유아교육과 글쓰기

"내 인생의 터닝포인트는 언제였을까?" 그 질문 앞에 문득 떠오르는 두 가지가 있다. 하나는 아이를 낳고 다시 유아교육을 공부하게 된 일이고, 또 하나는 글쓰기를 시작한 것이다.

✓ 첫 번째 터닝포인트, 유아교육에 도전

전자 계산학을 전공하고 초등학교에서 컴퓨터 특기 적성 교사로 일하던 나는, 스물셋이라는 비교적 이른 나이에 엄마가 되었다. 살림과 육아를 병행하는 삶은 생각보다 훨씬 고되고 버거웠다. 누구도 가르쳐 주지 않았던 육아의 현실 앞에서 나는 매일 흔들렸다. "밭맬래? 애 볼래?" 옛말처럼, 아이를 키우는 일은 몸을 쓰는 노동보다 몇 배는 더 힘들고 그만큼 절실하고 위대한 일이었다. '아이 하나를 키우려면 온 마을이 필요하다'라는 말처럼 나는 누구보다 진심으로, 열정적으로 내 아이를 키우고 싶었다. 그 마음 하나로 아이가 다섯 살이 되던 해, 다시 유아교육을 공부하기 시작했다.

교육심리학에서 '마인드셋'과 '자기 선언'을 처음 접했을 때, 나는 단순히 지식을 넘어 '삶을 배우는 교육'의 본질을 느꼈다. 배운 것을 하나하나 아이에게 적용해 보고 싶었고, 작은 변화들이 생겨나는 걸 직접 눈으로 확인하고 싶었다.

"나는 무엇이든 할 수 있다."

"나는 정말 내가 좋다."

"나는 정말 멋진 사람이다."

아이가 유치원과 초등학교 시절, 매일 아침, 저녁으로 자기 선언문을 함께 읽었다. 그 문장은 늘 아이의 방 한켠에 붙어 있었다. 왜소한 체구, 소아 야뇨증, 낮아지는 자존감. 내 아이의 마음이 무너지지 않도록, 자존감을 키워주고 싶었다. 결국 그 습관은 우리 아이에게 자신감을 심어주었고, 자기 선언문처럼 빛나는 아이로 자라났다.

자신의 삶을 주체적으로 선택하고, 독립적으로 문제를 해결하며 외국 유학을 마치고 해외 주재원으로 취직까지 하게 되었다. '사랑과 교육은 결국 삶을 바꾼다'라는 것을 확인했고, 그런 확신이 있기에 나는 지금도 나와 일 년을 함께하는 소중한 아이들에게도 자기 선언문을 함께 읽고 있다.

또한 내 인생도 서른아홉, 컴퓨터 선생님에서 유치원 교사로 인생의 방향을 전환했다. 유아교육 공부는 그 후로 지금까지 내가 아이들과 함께할 수 있는 행복을 주었고 내 아이와 내 인생, 두 마리 토끼를 모두 잡을 수 있었던 내 삶의 전환점이 되었다.

✓ 두 번째 터닝포인트, 글쓰기

그 시작은 아주 오래전, 유년 시절로 거슬러 올라간다. 국민학교 시절, 나는 눈에 잘 띄지 않는, 조용한 아이였다. 그런 존재감 없던 나에게 따뜻한 시선을 건네준 분이 있었다.

초등학교 5학년 담임, 박용식 선생님. 그분은 나의 작은 변화도 놓치지 않으시고 관심을 가져주셨다. 그러던 어느 날, 내게 이렇게 말씀하셨다.

"지영아, 너는 글을 쓰는 데 소질이 있어. 계속 글을 쓰며 너의 꿈을 펼쳐 봐."

존재감 없던 내 안에 가능성과 자신감을 심어 준 그 말 한마디는 40년이 지난 지금까지도 내 마음속에 선명하게 남아 있다. 선생님의 추천으로 학교 대표로 나갔던 백일장, 떨렸던 순간들과 수상보다 더 기억에 남는 건 나의 가능성을 진심으로 믿어준 한 사람의 따뜻한 시선이었다.

그리고 지금, 나는 브런치 작가가 되어 글을 쓰고 있다. 말하지 못한 마음을 글로 적고, 정리되지 않는 생각들을 글로 정리하며, 미처 깨닫지 못했던 나의 마음을 알아가기도 하고, 해소되지 않는 마음의 찌꺼기들이 정화되기도 한다. 때로는 글쓰기가 내가 겪고 있는 혼란스럽던 생각의 실타래를 하나씩 풀어낼 수 있도록 실마리를 제시해 주기도 한다.

어린 시절 선생님께 들었던 따뜻한 한마디는 지금도 내 안에서 작은 우주처럼 반짝이고 여전히 나를 살아가게 하는 힘이 된다. 지금 와서 돌이켜보면, 내 인생에서 두 번의 터닝포인트는 모두 사람에 대한 사랑과 믿음에서 비롯된 것 같다. 내 아이를 향한 사랑이 나를 다시 유아교육의 길로 이끌었고, 선생님의 다정한 한마디는 글을 쓰는 삶을 선물해 주었다.

"교사이자 작가로서 지금의 이 삶이 행복하다고 말할 수 있는 것은, 유아교육과 글쓰기가 내게 준 선물 덕분이라고 나는 믿는다."

NO.37

차에스더

❏ 소개

1. 예은마음상담 치유연구원 소장
2. 지저스 예술선교연구원 원장 (교수)
3. 한국 열린 사이버대학 사회복지학과 특임교수
4. 주님의 교회 담임목사 (백석)
5. 상담 심리치료 학회 상임 이사
6. 온누리 칭찬 학교 학장 (교수)
7. 칭찬 신문 기자
8. CTS 시니어모델

❏ 연락처

유튜브 검색 : 샬롬 SL TV, 주님의 교회
이메일: goodcbm@hanmail.net

절망에서 부르심으로

✓ 어둠 속에서 방황하던 나

주님 없이도 잘될 수 있다고 믿었다. 내 인생의 시작은 어둠이었다. 세상을 놓지 못하고, 물질과 인정, 성공을 좇았다. 명예가 곧 가치인 줄 알았고, 하나님보다 사람의 시선을 더 두려워했다. 겉으로는 선한 목표를 말했지만, 내면엔 '내가 높아지겠다'는 감추어진 욕망이 있었다. 사람이 만일 온 천하를 얻고도 자기 목숨을 잃으면 무엇이 유익하리오?" (마가복음 8:36) 욕망은 결국 나를 황폐하게 만들었다. 겉으론 웃었지만 속은 울고 있었고, 이룬 것들은 공허함만을 더했다. 실패는 계속되었고 자존감은 무너졌다. 문을 두드릴 때마다 닫히고, 시도할 때마다 무너졌다. '나는 안 되는 사람인가?' 자책하며 무기력과 우울 속에 빠졌다. 하나님 없는 삶은 결국 헛되다는 걸 뼈저리게 깨달았다. "헛되고 헛되며, 모든 것이 헛되도다." (전도서 1:2)

✓ 광야 속 절망

예배 공동체로 인도하신. 무너진 나를 하나님은 예배 공동체로 이끄셨다. 마치 광야의 이스라엘 백성을 성막 중심의 삶으로 부르신 것처럼, 나를 예배 가운데 불러주셨다. 예배 가운데 선포된 말씀은 내 영혼을 다시 살게 했다. 경제적 염려, 질병의 두려움에서 벗어나게 되었고, 공급자 되시는 하나님을 믿게 되었다.

아브라함이 이삭을 드릴 때 하나님이 친히 어린 양을 준비하신 것처럼, 내 인생에도 준비된 은혜가 있음을 알게 되었다. "그러므로 너희는 먼저 그의 나라와 그의 의를 구하라." *(마태복음 6:33)* 말씀의 빛이 어둠을 몰아낸다. 예배 가운데 드려진 말씀은 내 영혼을 고치시고, 절망 속에서도 생명을 불어넣었다. "그가 그의 말씀을 보내어 그들을 고치시고 위험한 지경에서 건지시는도다." *(시편 107:20)* 성령께서 말씀을 통해 내 안에 기쁨을 회복시키셨고, 두려움보다 하나님을 신뢰하는 믿음이 자라났다. 엠마오로 가던 제자들처럼, 말씀을 듣는 순간 마음이 뜨거워졌다. "우리에게 말씀하시고 성경을 풀어주실 때에 우리 속에서 마음이 뜨겁지 아니하더냐?" *(누가복음 24:32)* 진정한 기쁨은 상황의 변화가 아니라 진리를 통한 내면의 변화로부터 왔다. 내 삶은 이제 하나님 나라 백성으로 부르심을 받은 여정으로 전환되었다.

✓ 부르심의 자리로 인도하신 은혜

하나님은 나를 신학교로 부르셨다. 가진 것도 없고, 건강도 약했지만, 하나님은 약한 자를 들어 강하게 쓰셨다. 신학교에서 말씀을 배우는 매시간은 내 생각과 가치관을 완전히 새롭게 하는 은혜의 시간이었다. "이 세대를 본받지 말고 마음을 새롭게 함으로 변화를 받아 하나님의 뜻이 무엇인지 분별하도록 하라." *(로마서 12:2)* 하나님의 말씀은 내 인생의 나침반이 되었고, 매 순간 성경을 기준으로 결정하게 되었다. 신학교는 진짜 신자로 살아가기 위한 훈련소였다. "주의 말씀

은 내 발에 등이요, 내 길에 빛이니이다." (시편 119:105)

눈물로 씨 뿌리며, 기쁨으로 거두다

하나님은 나를 목회자의 길로 부르셨고, 나는 울며 기도하는 중보자의 삶을 시작했다. 설교보다 먼저, 기도의 무릎이 있었다. 그 눈물은 씨앗이 되었고, 반드시 열매가 맺혔다. "눈물을 흘리며 씨를 뿌리는 자는 기쁨으로 거두리로다." (시편 126:5)

목회는 조직이나 전략이 아닌, 한 영혼에 대한 애끓는 사랑이었다. 잊힌 자, 상처 입은 자, 그들 안에 주님의 심장을 품고 싶었다. "지극히 작은 자 하나에게 한 것이 곧 내게 한 것이니라." *(마태복음 25:40)* 이제는 복음을 위하여, 내 생명도 아깝지 않다

세상에서 인정받고 싶던 나의 옛 소원은 사라지고, 이제는 주의 일을 감당하는 삶이 내 최고의 복이 되었다. "내가 달려갈 길과 주 예수께 받은 사명 곧 하나님의 은혜 복음을 증언하는 일을 마치려 함에는 나의 생명조차 조금도 귀한 것으로 여기지 아니하노라. *(사도행전 20:24)*

✓ **화관으로 바뀐 삶**

춤추며 찬양하는 인생, 슬픔이 변하여 찬송이 되었다. 그분의 말씀은 나를 일으켰고, 진리는 나를 자유롭게 했다. 이제는 춤추며 소고 치며, 기쁨으로 주님을 찬양하는 예배자가 되었다.

"슬퍼하는 자에게 화관을 주어 찬송의 옷으로 근심을 대신하시고" *(이사야 61:3)*

NO.38

김혜경

❏ 소개

1. 공간 지음 대표
2. 행복 책방 대표
3. 공간과 삶의 행복일상 웰라이프 디자이너
4. 전자책출판지도사, 북코치, 강사, 작가

❏ 연락처

이메일: jungrimom@naver.com

시어머니 유품 정리

　모든 동식물은 삶과 죽음을 경험한다. 하지만 우리는 늘 '죽음' 앞에 서툴다. 특히, 갑작스럽게 찾아오는 준비 없는 이별은 남겨진 가족을 힘들게 한다.
　교통사고... 그 '찰나'의 순간이 삶과 죽음을 갈라놓았다. 시어머니의 죽음, 그 공허함과 혼란 속에 장례식을 마치고, 유품을 정리하게 되었다. 그러나, 막상 물건을 정리하려니 선뜻 몸이 움직이질 않아 거실 소파에 한동안 멍하니 앉아 있었다.
　'좀 더 함께 시간을 보낼걸', '가까운 곳 여행이라도 자주 다닐걸...' 후회의 말들이 끊임없이 올라와 마음이 무거웠다. 왜 그리 아쉬운 것뿐이던지...
　시어머니 유품을 정리하면서 어머니의 삶을 내가 지나온 삶을 마주했다.

'물건이 아닌 기억을 정리하다'

　물건을 정리한다는 건, 단지 공간을 비우는 일이 아니다. 시어머니의 유품을 마주한 그날, 나는 물건이 아닌 '기억'을 정리하고 있다는 걸 알게 되었다.
　명절마다 쓰시던 어머니의 낡은 뒤집게, 한 땀 한 땀 바느질로 만든 동전 지갑, 무심히 지나쳤던 물건들이 어느새 마음을 울리는 기억의 조각들로 다가왔다.

 집 안의 물건들을 하나씩 꺼내어 보관할 것과 떠나보낼 것을 나누는 일은 쉽지 않았다. 어떤 물건은 손에 쥔 채 한참을 망설였고, 어떤 물건은 눈물과 함께 놓아야 했다.

 정리란 단순한 분류가 아니라 추억과 감정을 마주하는 일임을 절감했다. 서랍 속 오래된 손수건, 바랜 사진 한 장, 어머니의 전라도 사투리까지..., 시어머니와 함께했던 일상의 기억이 되살아났다.

'떠난 자리, 남겨진 사람의 몫'

 어머니가 떠나신 집 안 곳곳엔 어머니 삶의 여정이 고스란히 남았다. 주방에는 긴 세월 어머니의 손길이 닿았던 그릇들, 장독대엔 새로 담근 간장과 된장, 베란다에는 사랑과 정성으로 보살피던 화분들이 가득했다. 하지만, 주인이 사라지자, 물건들도 자신의 빛을 잃어버리는 것 같았다. 시어머니가 떠난 그 빈자리는 '남겨진 사람의 몫'으로 남았다.
 처음엔 가족들이 식사할 때도 어머니 얘기를 꺼내기조차 힘들었다. 하지만 피하기만 하는 것은 어머니를 잊는 것만 같아서 그 역시 어려운 마음이었다.
 시간이 차츰 지나면서 우리는 어머니와 함께했던 일상들을 나눌 수 있게 되었다. 가족들과 함께하는 대화 속엔 각자 어머니와의 소중한 기억들이 담겨 있었다. 때로는 갈등도 있었지만, 결국엔 어머니를 그리워하는 마음이 우리를 하나로 엮어 주었다. 어머니의 바람도 남겨진 가족이 슬퍼하며 괴로움에 지쳐가는 것보다 사랑하며 함께 하는 것이 아니었을까?

'정리의 끝은 새로운 시작'

정리의 끝엔 고요한 평온이 찾아왔다. 집안도, 마음도 한결 가벼워졌다. 시어머니가 남긴 물건을 통해 어머니의 삶의 태도, 절제와 따뜻함, 가족에 대한 사랑을 배웠다. 유품 정리는 단지 사후의 정리가 아니었다. 내 삶의 방향을 바꾸는 계기이기도 했다. 물건을 어떻게 정리할 것인가가 아니라, 삶을 어떻게 정돈하며 살아갈 것인가에 대한 물음이 내 안에서 피어났다.

나는 '정리'를 단지 정리 기술이 아닌, **마음을 돌보고 삶을 되돌아보는 치유의 과정으로 바라보게 되었다.**

이 경험은 내 삶을 바꿔놓았다. 공간 정리와 웰다잉 전문가로 새로운 길을 걸어가게 해 주었다. 시어머니를 떠나보내며 시작된 이 길이, 누군가의 아픔을 보듬고, 삶을 아름답게 정돈하는 여정이 되었다.

가족과의 이별, 물건은 떠나도 기억은 남는다.
그리고 그 기억은, 다시 나를 살아가게 한다.

NO.39

최윤정

❏ 소개
1. 치과위생사
2. 보험설계사
3. 전문분야 : 재무 설계, 자산 관리

❏ 연락처
네이버 검색 : 최윤정

답은 내 안에 있다

"위이이잉." "안내 도와드리겠습니다." 이런 소리가 나의 일상이었다. 나는 십여 년 이상 치과에서 근무한 치과위생사이다. 치과에서는 나의 정도(正道), 철학, 이념은 중요하지 않았고, 매달 월급을 주는 의사의 말이 곧 법이었다.

취업한 지 5년쯤 지났을까? 내 삶에 어두운 이벤트가 찾아왔고, 문득 떠나고 싶어졌다. 그리고 아빠에게 물었다.

"아빠, 나 어학연수 다녀와도 돼?"

"네 인생, 네가 살아야지. 해도 후회, 안 해도 후회면 해본 놈이 나아."

속전속결로 모든 일들이 이루어졌다. 눈 떠보니 필리핀이었고, 정신 차려보니 캐나다였다. 일하며 차곡차곡 모아둔 내전 재산을 쏟아부었지만, 족히 몇 배는 더 가치 있는 멋진 경험을 얻었다. 아빠의 답은 맞았다.

한국으로 돌아와 다시 치과에 취직했다. 얼마 지나지 않아, 전 세계적으로 무서운 역병이 유행하기 시작했다. 코로나19로 함께 일하던 동료들이 일자리를 위협받았고, 나와 동갑이었던 페이닥터 원장님은 근무 일수를 줄이게 되었다. 다른 방법이 필요했다. 그러던 어느 날, 치과에 변화가 찾아왔다. 초진 환자들이 진료비 설명을 듣는 둥 마는 둥 하더니, 모든 치료를 진행하겠다고 말했다. 한두 명이 아니었다. 그들의 치료가 끝나갈 무렵, 모든 걸 이해할 수 있었다. 상담 동의율이 유난히 높았던 그들은 바로 '치아 보험'을 가지고 있는 사람들이었다. 그들 덕분에 병원의 매출이 올랐고, 마침내 내 머릿속에 뾰족한 답이 떠올랐다. 전혀 관심도 없고 좋아하지도 않던 보험이라는 것을 공부하기 시작했다.

증권도, 약관도 생소하고 어려웠지만, 보험을 활용해서 치과의 매출을 높여야겠다고 생각했다. 병원에 크게 기여하여 내가 설자리도 더욱 확실해질 것 같았다. 낮에는 근무, 밤에는 공부하며 시험을 치고 보험설계사 자격을 부여받았다. 치과 이외에도 일할 수 있는 두 번째 직업이 생긴 것이다.

오랜 시간 직장인으로 일했지만, 보험은 조금 달랐다. 보험설계사는 '1인 사업가'다. 나와는 전혀 상관없다고 느껴졌던 '사업'이라는 단어가 조금은 낯설었다.

사람은 평생 7개의 직업을 갖는다고 하지 않던가. 게다가 요즘 트렌드는 'N잡'이다. 한 달에 한 번 월급이 들어오다 두 번 월급이 들어오니 일이 재미있어졌고, 더 잘하고 싶어졌다. 부업이 본업의 월급을 뛰어넘는 순간 생각이 많아졌다. 나는 또 아빠에게 물었다. 아빠는 보험업은 사양길이라며 만류하셨다. 그렇지만 내 생각은 조금 달랐다. 직업의 수명, 한정 없는 연봉, 시간의 활용 등을 생각했을 때, 업을 바꾸지 않을 이유가 없었다. **어학연수를 고민했던 과거나 현재나 이미 답은 내 안에 있었다.**

지금 나는 치과위생사라는 타이틀을 내려놓고, 보험설계사로 열심히 살아가고 있다. 모든 일이 그렇듯, 다 좋을 수는 없고 다사다난하지만, 내 선택에 후회는 없다. 이 업을 통해 세상을 바라보는 시각이 달라졌다. 단순 보험을 넘어 한 사람, 한 가족의 삶 전체를 관리하고 있다는 자부심도 생겼다. 고객들의 절세, 재무관리, 윤택한 노후를 위해 더 깊이 공부하고, 그에 맞게 일하고 있다.

나는 20대 중반부터 매년 생일 시즌에 여행을 떠났다. 나에게 주는 가장 의미 있는 선물이자 배움이었다. 캐나다에서 지냈을 때 만난 친구들의 문화, 가치관, 언어들은 내 생각과 시야를 크게 확장시켜주었다. 지금 내가 하는 일도 그러하다. 주변 사람들과 고객들을 위해 오늘도 경제, 주식, 투자, 국가 상황을 다양한 시각으로 바라보며 살아가고 있다. 내가 하는 일이 얼마나 중요한지, 또 얼마나 잘해내고 있는지를, 몇 년 후, 몇십 년 후에는 이 업을 걱정했던 아빠와 꼭 다시 이야기 나눌 것이다. 아직은 살아온 날보다 앞으로 살아갈 날이 더 많기에, 또 어떤 재미있는 일이 펼쳐질지 알 수 없다. 하지만 나는 믿는다. 어떤 일이든 도전한 사람이 자신의 미래를 바꿀 수 있다는 것을.

그래서 이 글을 읽는 독자들께 전하고 싶다. **특별하고 새로운 경험이 찾아오면 피하지 말고, 미루지 말고, 용기 내 도전해 보시라고. 지금 이 순간이 나의 가장 젊은 날이니까.**

나는 현재에 감사하며, 여러 가지 도전을 한 것이 내 삶의 가장 큰 터닝포인트라 생각한다.

NO.40

정세현

❏ 소개
1. 정의 평화 생명의 가치 지키는 사람
2. 균형 발전 실현하는 사람
3. 지역에서도 잘 살아보기 실천하는 사람
4. 모두가 행복한 삶 꿈꾸는 사람
5. 먹고사는 문제 생각하는 사람
6. 사회가 나아 갈 방향 생각하는 사람

❏ 연락처
1. 메일: latte-co@naver.com
2. 전화: 010-5352-7737

혼란과 상실의 시대
생각의 전환

　사회의 대전환, 교육 대전환의 시대를 맞아 격동의 시간이 흐르고 있는 2025년 4월의 여느 날을 지나고 있다.
　평생 쌓고 쌓은 또는, 오랜 기간 쌓고 쌓은 무언가가 어느 순간 모래성처럼 무너진 순간을 맞아 본 사람은 어떤 생각을 하게 될까? 그리고 나는 무슨 생각을 했나?
　보통 사람의 삶 속에, 누구에겐 가족이, 누구에겐 신앙이, 누구에겐 일이 될 수도 있겠다.
　생각과 감정을 가진 사람으로 인생을 살아가면서 큰 변곡점을 맞는 순간이 반드시 찾아온다. 사는 대로 생각하게 된다면 나도 모르게, 의도치 않은 곳에 다다라 있을 때가 있다. 우리는 무엇 때문에 사는지, 무엇 때문에 일하는지 삶에 있어 소신과 신념, 가치를 분명히 세우고 실천하며 살아야 하는 존재다.
　살아가면서 스스로 할 수 있는 만큼 행하고 베푼다면 그것이 바로 종교라고 생각하며 살았다. 이 땅의 어둡고 응어리진 부분을 보듬을 수 있다면 그것이 삶의 자세이며 곧 종교라고 말이다.

오랜 시간이 지나도 잊혀 지지 않는 무언가 마음에 남아있다면 그 고마움과 은혜를 꼭 베푼 자가 아닌 사회의 또 다른 곳으로 또 다른 사람에게 베푸는 것이 사회의 선순환이다. 이것이 내가 성장하고 시간을 보내온 사회로부터 배운 핵심 가치였고 나 또한 그리 살고자 하였다.

이 부분은 선인들께서 말씀하신 부분과 일치되는 가치다. 우리는 더러 어떤 개인 이기주의, 특권층의 권위주의 또는 조직과 공동체의 이기주의와 맞닥뜨릴 때가 있다. 대개는 자본 권력의 흐름에 따라 작은 개인과 큰 공동체의 이해관계 속에서 충돌이 있기도 하다.

사회 속에서 만물과 조화를 이루며 살아간다는 건 쉬운 일이 아니다. 때로는 이성과 양심을 저 버린 채 거대한 무언가에 이끌려갈 때도 있다. 거짓과 탐욕으로 얼룩질 때도 있다.

분명한 건, 거짓은 누군가를 심하게 아프게 한다. 괴롭힘과 공격의 수단이 되기도 한다. 성찰로 생각을 바로 하지 않으면 이 같은 우를 범하기도 하고 전혀 모른 채 살기도 한다.

이성 간에, 가족 간에 사회 구성원 간에 어떤 목적과 의도에 따라 거짓을 범할 수 있다. 누구로부터 온 거짓의 굴레는 나를 지치고 피폐하게 만들기도 했다. 쉽게 예를 든다면 이성 간에 교제 시 연인에게 듣는 일상의 거짓을 생각해 본다면 이해되겠다. 좋은 것만 주고 예쁜 것만 보이려 끊임없이 거짓을 꾸민다면 언젠가 그 연인은 떠나게 된다.

삶에 있어 가장 중요한 일로 꼽는 일 중 하나가 결혼과 배우자이다. 가정을 이루어 끝까지 함께 한다는 백년의 약속은 그만큼 사람이 중요하다는 뜻이다. 결국 사람과 관계에서 선을 행할 때 공동체의 아름다움으로 귀결되어 사랑이 깃든다는 평범한 진리를 찾을 수 있다.

내 삶의 터닝포인트는 지금이다. 좌절로부터 쉬운 방법을 택하는 건 사람이 나약하기에 겪는 고난 같은 것이다.
그저 수행자처럼 고개를 넘으면 될 일이다. 행복과 만족은 내 안에 있는 것이다. 어떤 것에도 굴하지 않는 오백 년 된 아름드리 소나무 같은 정신이 지금의 대혼란과 상실의 시대에 가장 필요한 일이다.

사람으로 태어나 먹고 사는 문제로부터 자유로울 수는 없다. 허나 선과 악을 택할 일이 있다면 언제나 선을 택하길 부디 바란다. 그리하여야 내가 속한 사회가 생명의 존중과 가치를 실현하는 안전의 배를 타고 항해를 나갈 수 있기 때문이다.

5장

배움의 문턱이 낮아지도록

41. 한민정
배움의 문턱이 낮아지도록

42. 오순덕
한글 한마당 축제와 창의 미술 프로그램 개발

43. 이의령
마침표를 찍기 위한 '쉼표'

44. 박정순
다시 피어난 나의 이야기(인도네시아에서)

45. 김정화
눈물로 길을 만든 나, 사랑으로 피어나다

46. 최민경
나선형 터닝포인트로 그리는 나의 성장 항해

47. 최수미
독서로 변한 내 인생

48. 김선화
내 삶의 변화는 지금도 進行形

49. 권수일
도전, 도전, 도전이 정답이다

50. 우정희
변화의 시작은 나다움 찾기

NO.41

한민정

❏ 소개
1. 쥬드발레하우스 무용학원 원장
2. 세종특별자치시교육협회 회장
3. 세종특별자치시사회복지협의회 이사

❏ 연락처
네이버 검색: 쥬드발레하우스 무용학원

배움의 문턱이 낮아지도록

오랜 기간 동안 무용가의 길의 가면서 내가 아는 무용이란 신체라는 도구를 이용하여 자기표현을 극대화하는 것이다. 그리고 표현하는 자는 무대에서, 감상하는 자는 객석에 위치해 있는 것을 당연하게 여기고 있었다.

이렇게 관객과 무대를 이분법적인 사고로서 공식처럼 여겼다. 무대에 오르지 않는 나는 학생들을 가르치고, 그 학생을 다시 무대에 올려 무용가의 길을 가게 만드는 것이 당연한 순서라고 여겼다. 나 또한 그러한 모습을 지켜보며 자랐으니 의심할 여지가 없는 미래의 내 모습이라 여겼다.

이러한 생각이 가득 차 있었을 때, 주변 지인의 소개로 체육과학연구원에서 근무할 기회가 생겼다. 생각지 못한 일이고 잘 해낼 수 있을까 싶어 며칠을 망설였다. 고민 끝에 새로운 일에 대한 도전이라는 생각으로 연구원에 들어갔고 그곳에서 그동안 당연하다고 여겼던 내 생각이 완전하게 바뀌게 되었다.

그곳에서는 운동선수의 경기력 향상과 더욱 완벽한 동작의 완성을 위하여 첨단 장비들이 투입되었고, 정교한 실험으로 이전 경기보다 더 나은 성적이 나올 수 있도록 보조를 했다.

또한 선수들만이 아니라 일반인들도 적용할 수 있도록 평생체육으로의 방향까지 고려하여 연구 활동을 하는 모습을 보면서 깊은 감명을 받았다.

난 이러한 연구 활동을 보면서 '아… 난 무용이라는 것을 단지 무대 위에서 선보이는 아름다운 작품으로만 여기고 있었구나'라는 생각이 번개처럼 들었다. 누군가는 나보다 먼저 이러한 깨달음을 느꼈었겠지만 내가 스스로 보고 느낀 기분은 마치 신대륙을 발견한 탐험가라도 된 기분이었다.

내가 생각하는 무용이라는 것은 무대 위의 작품으로서 올라가 다양한 동작의 테크닉과 화려함을 공연하면서 관객과 소통한다고는 하지만 정작 관객에게는 직접 참여할 기회가 없다. 관객은 단지 관람을 하고 내용을 이해하고 마음으로 여운을 가져갈 뿐이었다. 이제까지 그걸 당연하게 생각하고 있었다. 한 우물에 너무 오랜 시간 동안 있었던 것이다.

그제야 주변의 환경이 다르게 보였다. 무용학원은 아이들이 취미로라도 도전하기엔 어렵지 않지만, 성인이 도전하기엔 너무나 문턱이 높았다. 이 글을 쓰고 있는 지금의 시점에도 결코 낮지 않다고 생각한다. 아마 시도해 보겠다는 생각조차 하지 않는 사람이 대다수라고 봐도 무방하다고 생각한다. 심지어 상담했던 학부모 중에서는 성인발레반이 있다는 말에 발레는 아이들이나 배우는 것이 아니었냐며 오히려 놀라워했었다.

새로운 깨달음을 얻고 생각이 바뀌고 나니 내가 가야 할 길에 대한 방향을 그 어느 때보다 명확하게 확신을 갖고 정할 수 있게 되었다. 그리고 좋은 것을 함께 나누고픈 마음처럼 모두에게 다시 새롭게 알려주고 싶었다. 무용이라는 것은 나와 거리가 먼 **활동**이 아니며 누구라도 배우고 즐길 수 있는 **평생체육**처럼 느끼게 하고 싶었다.

기초 단계라 여겼던 교육 내용을 이전보다 더 낮은 단계로 만들려 했으며 미적인 아름다움 보다 신체의 교정과 강화, 부상의 방지에 더 중점을 두었다. 그러고 나니 마치 내 옷을 입은 것처럼 수업이 편하게 느껴지고 내가 얻은 깨달음을 실천했다는 만족감을 얻고 나니 그때 연구원에 들어간 일이 새로운 일에 대한 도전이 아니라 너무나 감사하고 고마운 기회로 여겨졌다.

발레를 어른이 배울 수 있을 거로 생각하지 못했던 상담인처럼 일반인들이 무용에 대한 배움을 생각할 때 그 문턱이 더 낮아지도록 새로운 방향에서 계속 노력하면 언젠가 그 문턱조차 없어지는 날이 오기를 희망해본다.

NO.42

오순덕

🔸 **소개**

1. 한글마루 창작소 공동대표
2. 한글만다라 개발자, 대한민국 1호 강사
3. 서울시 교육청 부모 행복교실 강사
4. (사)놀이하는사람들- 놀이 활동가
5. 유아교육 23년 차
6. 한글 지킴이, 한글 신바람꾼
7. 저서:『내 삶의 좌우명』『내 삶을 바꾼 책』외 전자책 출판

🔸 **연락처**

1. 블로그: https://m.blog.naver.com/osd020508
2. 인스타그램: happy_tree.hello
3. 유튜브: 한글만다라

한글 한마당 축제와 창의 미술 프로그램 개발

인생은 가끔 우연한 기회로 우리의 길을 바꿔 놓기도 한다. 나에게도 그런 순간이 찾아왔다. 김슬옹 한글 학자님과의 뜻밖의 만남을 통해 한글날을 기념하는 울산시의 한글 한마당 축제에 참가할 기회를 얻게 되었다. 이 축제는 3박 4일 동안 진행되었으며, 나는 한글 놀이 부스를 운영하는 임무를 맡게 되었다. 이 기회는 나에게 새로운 도전이자 창의력을 발휘할 수 있는 무대가 되었다.

행사를 준비하면서 나는 한글 창의 미술 프로그램을 개발하게 되었다. 어린 시절부터 미술은 내가 가장 좋아하고 잘하는 분야였기에, 이번 기회는 나에게 더욱 특별한 의미를 주었다. 프로그램을 기획하고 실행하는 과정에서 나는 한글의 아름다움과 그 의미를 창의적인 방식으로 전달할 방법을 고민했다. 첫날부터 관람객들의 큰 관심을 끌었고, 3일간의 행사 동안 최고의 인기를 누리게 되었다.

참가자들은 미술을 통해 한글의 매력을 느끼고, 자신만의 창의력을 발휘하는 기회를 가졌다. 그 결과, 많은 사람의 호

응과 긍정적인 반응이 이어졌고, 이후 나는 이 프로그램에 대한 특허를 등록하게 되었다.

이러한 경험은 단순한 행사 참여를 넘어 나의 인생에 중요한 전환점이 되었다. 매일매일 새로운 사람들과의 만남과 그들의 반응을 통해 나는 더 큰 자신감을 얻었고, 나의 열정을 재확인할 수 있었다. 특히, 창의 미술 프로그램이 사람들에게 긍정적인 영향을 미친 것을 보면서, 내가 좋아하는 일을 통해 다른 사람들에게 기쁨을 줄 수 있다는 사실에 큰 행복을 느꼈다.

이제 나는 이 프로그램을 사업으로 발전시키기 위해 다양한 아이디어를 구상 중이다. 창의적인 미술 교육 프로그램을 통해 더 많은 사람에게 한글의 독창성과 아름다움을 알리고 싶다. 나의 목표는 단순히 미술을 가르치는 것이 아니라, 한글의 가치를 새로운 시각으로 바라보게 하는 것이다. 이 과정에서 나는 한글이 단순한 문자 이상의 의미를 지니고 있다는 것을 전하고자 한다.

3월에는 미국에서 기쁜 소식이 들려왔다. 재미 한국학교 협의회는 미 전역 50개 주 한글학교의 모임 협회로써, 2025년 학술대회가 7월에 텍사스주 달라스에서 3박 4일 동안 진행된다고 한다. 800여 한글학교 교사들이 모여 한글 교육에 대한 강습을 받게 되며, 이 학술대회에 강사로 초빙받아 참여할 예정이다. 이러한 기회는 나에게 다시 한번 인생의 방향성을 확립하는 계기가 되었다. 과거의 경험을 통해 얻은 지식과 노하우를 나누고, 더 나아가 한글 교육에 이바지할 기회를 얻게 된 것이다.

지금 내 인생이 새로운 방향으로 나아가고 있다는 확신이 든다. 결국, 인생은 우리가 어떻게 기회를 받아들이고 활용하느냐에 따라 달라진다는 것을 깨달았다. 이 우연한 기회가 나의 정체성을 찾고, 삶의 의미와 가치를 되찾는 데 큰 역할을 할 것이다. 나는 앞으로도 계속해서 열정을 쏟을 수 있는 활동을 이어가며, 더 많은 사람에게 한글의 독창성과 아름다움을 전하고, 예술을 통해 한글을 널리 알릴 것이다.

내 인생의 터닝포인트는 단순히 한 번의 우연한 기회에서 시작되었지만, 그것이 나에게 가져다준 변화는 매우 크다. 한글과 미술을 통해 나의 길을 찾아가고, 그 길에서 만나는 사람들과 함께 나누는 기쁨이 내 삶을 더욱 풍요롭게 만들어주고 있다. 인생의 여정에서 이러한 경험들이 쌓여 나의 정체성과 꿈을 더욱 뚜렷하게 만들어 줄 것이라 믿는다.

NO.43

이의령

❏ 소개

진정한 나를 알아가기 위해 오늘도 꾸준히 나아가는, 또래들과는 조금은 다른 길을 걷는 고등학생.

❏ 연락처

인스타: eeui.0

마침표를 찍기 위한 '쉼표'

'힘듦'은 누구나 겪는 감정이다. 그래서일까, 많은 사람은 멈추지 않고 앞으로 나아가며 이겨내는 것을 '성공'이라 믿는다. 나 역시 그랬다.

나는 기상부터 취침까지, 하루를 빈틈없이 계획하며 살았다. 학교, 학원 같은 고정된 스케줄은 물론, 이동 시간, 식사 시간, 심지어 휴식 시간까지 모든 것을 나만의 틀에 맞춰 철저히 관리했다. 나는 '돌연변이 완벽주의자'였다. 내가 예상하지 못한 상황이 생겨 계획이 어긋나면 극심한 스트레스를 받았고, 어떤 일이든 기대만큼의 결과가 나오지 않으면 괴로워했다.

'이렇게 알차게 살아야 성공할 수 있어.'

나는 그렇게 믿었기에 제대로 쉬지 않았다. 나에게 휴식이란 밥 먹을 때 유튜브를 보는 정도였다. 하루가 끝나면 밤 11시, 늘 나의 하루를 돌아보는 시간을 가졌다. 잘한 점보다 못한 점을 더 많이 적으며, 매일 스스로를 몰아세웠다. 나는 그렇게 나의 수명을 깎아가고 있었다.

1년. 짧다면 짧고, 길다면 긴 시간 동안 매일 그렇게 살았다. 그리고 결국, 나는 지쳤다. 저녁이면 녹초가 되었고, 배우가 되기 위해 개인 연습하는 시간조차 버겁게 느껴졌다. 감정 기복은 심해졌고, 친구들과 대화하는 것도 힘들었다. 혼자 있고 싶은 순간이 많아졌고, "힘들어?", "괜찮아?"라는 말만 들어도 눈물이 났다. 여행을 가고 싶다는 생각이 자주 들었고, 심할 땐 교통사고라도 나서 병원에 가고 싶다는 생각까지 들었다. 웃지 못했고, 한숨만 쉬었다. 지친 몸으로 집에 돌아오면 가족들과 대화조차 피하게 됐고, 예민해졌다.

이 모든 증상이 '몸과 마음이 보내는 신호'라는 걸 나는 몰랐다. 아니, 어쩌면 모르고 싶었던 걸지도 모른다.

왜냐하면…

나는 '힘들다'는 말을 쉽게 꺼낼 수 없는 사람이었으니까.

"이 정도는 안 힘든 거지."

"힘든 게 뭔데?"

"누구나 이 정도는 힘들잖아~."

그 말들이 나의 입버릇이었다.

'쉼'은 나에게 두려운 것이었다. 하루를 의미 없이 보낸 느낌, 나만 멈춰 있는 듯한 공포, 무능력하다는 자책. 하지만 그런 나에게 한 사람이 나타났다.

바로, 선생님이었다. 내 증상을 들은 선생님은, 내가 '지친 상태'라고 말해주셨다. 그 말이 처음엔 받아들여지지 않아 "힘든 게 뭐예요?"라고 되물었고, 선생님은 "지금 너의 상태가 바로 그것"이라 말씀해 주셨다.

"쉰다는 게 뭐예요?"

"어떻게 쉬는 건가요?"

라는 나의 질문에, 선생님은 *"쉬는 것도 연습이 필요하다"* 고 말씀하셨다. 사람마다 '쉼'을 느끼는 방법과 그 정도는 다르며, 직접 겪어봐야 알 수 있다고 알려주셨다.

  그 대화를 통해 나는 깨달았다. 그 누구보다 열심히 살아온 나에게, 나는 단 한 번도 '당근'을 주지 않았다는 것을. 오직 채찍만 휘두르며 살아왔기에 지칠 수밖에 없었음을. 이제는 '쉼'이라는 보상을 줄 때라는 것을.

  또한 나는 '전진'보다는 '조금의 쉼'을 병행하는 것이 맞는 성향이라는 것도 알게 되었다. 사람은 모두 다르다. 얼굴도, 성격도, 취향도. 누군가는 쉼 없이 달려가는 것이 맞고, 또 누군가는 느리더라도 쉬어가며 나아가는 것이 맞다.

  사람마다 자기만의 속도가 있다. 잘 사는 것은 타인의 속도를 따라가는 것이 아니라, 자신의 속도를 파악하고, 그에 맞춰 걷는 것이라는 진리를 나는 그제야 배웠다. 그렇게 나는 나를 알아가기 시작했고, '쉼'을 선택했다. 처음엔 낯설고 두려웠지만, 쉬면 쉴수록 웃음을 되찾았고, 삶에 여유가 생겼다.

  주변을 돌아볼 수 있는 시야도 생겼고, 스스로를 더 따뜻하게 대할 수 있게 되었다.

  가끔은 여전히 두렵다. 하지만 이것이 '나만의 속도'이고, 나를 살리는 길임을 알기에 후회는 없다.

        2025년 4월 19일, 고등학교 2학년 이의령.
        나는, 보다 더 빛날 수 있는 나를 위해
    지금도 내 삶의 터닝포인트, '쉼'과 함께 걷고 있다.

NO.44

박정순

❑ 소개
1. 한국코치협회 KPC코치
2. 멘토지도자협의회회원
3. 삶은 여행처럼 공저
4. 분노조절 코칭 중급수료
5. 챗GPT전문가 과정 수료
6. 한밭대산업디자인과 졸업

❑ 연락처
1. 네이버: jstaman501@naver.com
2. 인스타그램: https://instagram.com/misopark8

다시 피어난 나의 이야기
(인도네시아에서)

✓ **내 인생의 첫 번째 터닝포인트**

　남편의 해외 주재원 발령으로 인도네시아에서 삶을 시작하면서 찾아왔습니다. 그 무렵의 나는 참 고단한 엄마이자 아내였습니다.

　아토피로 밤잠 설치는 아들을 돌보고, 회사와 육아에 지쳐 있는 남편의 기분을 살피고, 딸의 학업을 챙기며, 레슨까지 병행했으니, 저의 하루하루가 말 그대로 '전쟁' 같았죠.

　아들의 아토피 치료에 경제적 도움이 필요해서 시작한 레슨은 어느덧 10년이 되었습니다. 낮에는 아이들 레슨과 우리 아이들의 학습 지도 그리고 밤이면 잠 못 드는 아들 곁을 지키는 삶이 반복되었습니다.

　그렇게 바쁘고 지친 날들을 이어가던 중, 남편의 발령으로 '인도네시아'라는 낯선 공간에 발을 디디게 됐습니다. 그곳에서 처음으로 나 자신을 들여다보게 되었습니다.

　여고 선배를 통해 NIE(Newspaper In Education)를 직접 제작하게 되었죠. 아들이 '지구 환경'을 주제로 만든 신문이

공모전에 입상했을 때, 우리 모자(母子)는 자신감을 갖게 되었습니다.

　가족 여행도 저의 터닝포인트에 큰 역할을 했습니다. 발리는 우리 식구가 함께한 추억이 있는 소중한 여행지였고, 그 여행 추억을 소재로 '행복신문'을 만들기도 했죠.

　그 후 남편이 발령으로 먼저 귀국하게 되었습니다. 남편 귀국 후 인도네시아에 쓰나미가 발생했고, 평소 다니던 길이 물에 잠기고, 지대가 낮은 지역은 배로 이동해야 했으며, 우리가 살던 아파트는 침수되어 전기도 끊겼습니다.

　기사도 없이, 아이들과 함께 그 상황을 견뎌내야 했죠. 한 학기를 마친 후, 우리는 한국으로 돌아오게 되었습니다.

　돌이켜보면, 인도네시아에서의 시간은 제가 다시 피어나는 과정이었죠. 타인의 기준이 아닌 '나'로서 살아낸 시간.

　몰랐던 내 안의 힘을 발견하고, 한결 너그러워진 마음으로 세상을 바라보게 된 시간이었습니다.

　✓ 폴란드에서의 두 번째 터닝포인트
　처음 폴란드에 도착했을 때, 설렘과 함께 낯설었는데 폴란드와 유럽 국가들을 여행하면서 저의 시야가 크게 넓어졌습니다. 스위스를 여행하면서 마테호른 정상에 올랐을 때의 감동은 아직도 뭉클하고 선명합니다.

　눈 덮인 설산과 차가운 공기, 햇살에 반짝이는 바위틈의 노란 야생화들과 멋진 풍경은 마치 한 편의 동화 같았습니다.

하산할 땐 곤돌라를 두 구간 미리 내려서 걸었는데, 시냇물 소리와 함께 걷는 그 길은 아직도 마음에 남아있죠. 그리고 체코의 프라하, 헝가리의 부다페스트 등 유럽 곳곳을 여행하며 세상을 보는 눈이 한층 깊어졌습니다.

10년 후에 다시 남편의 주재원 발령으로 바르샤바 빌라노프 신도시에 살게 되었습니다. 폴란드에 도착한 후 첫 여행지로 노르웨이를 다녀왔어요. 노르웨이는 산악지대였는데 색다른 경험을 했습니다.

그 후로 이탈리아 시칠리아섬 여행도 멋진 추억이 가득했죠. 시칠리아 해변에 있는 식당에서 맛있는 식사 후에 작은 배를 타고 둘러본 해안선은 무척 아름다웠습니다. 학교 다닐 때 배운 익숙한 노래를 부르시며 안내해 주던 선장님의 유쾌함은 여행의 즐거움을 한껏 끌어올렸죠.

시칠리아의 타오르미나는 매력적인 도시였고 높은 곳에서 내려다보니 마을과 바다가 멋진 풍경화 같은 느낌이었습니다. 몬레알레 대성당도 멋져서 안과 밖을 둘러보았는데 대성당의 화려한 모자이크와 웅장한 돔은 정말 아름다웠죠.

제가 여행하며 여행한 장소들을 아름답게 느끼게 된 이유가 있습니다. 그 이유는 제가 여행한 곳의 사람들이 심성이 곱고 매우 친절하다고 기억에 남아있기 때문입니다.

인도네시아와 폴란드~

NO.45

김정화

❏ 소개
1. GA 프라임소속 김정화설계사
2. 에니어그램 강사

❏ 연락처
전화: 010-7415-2082
메일주소: apper100@naver.com
카톡 id: asdw100

눈물로 길을 만든 나, 사랑으로 피어나다

2019년, 내 인생에서 가장 중요한 터닝포인트는 재혼을 결심했던 순간이었다. 신혼 초, 벚꽃이 흩날리던 어느 봄날. 남편은 열 살 된 딸과 함께 남편 친구의 집을 방문했고 나에게는 혼자만의 시간이 주어졌다. 나는 안마의자에 몸을 맡긴 채 유튜브를 보게 되었다. 그때 우연히 김새해 작가의 강의를 보게 되었다. '긍정확언'을 통해 처음으로 '나 자신을 사랑하는 법'을 마주했다. 몇 시간을 안마의자에 머물렀다. 처음 느껴보는 평온함이었다

이혼 후, 나는 아이와 생계를 책임지며 오직 앞만 보고 달려왔다. 마음을 돌볼 여유 없이, 하루하루를 버티듯 살아냈다. 혼자서 모든 책임을 지는 것이 고달팠다. 고독은 내게 깊은 상처로 남았다.

결혼생활 5년은 평탄하지 않았다. 전업 투자자로 일하던 남편은 전 재산을 잃었다. 우리는 카드값조차 감당할 수 없는 막막한 상황에 놓였다. 남편은 하고 싶은 말은 참지 않는, 다혈질적인 성격의 사람이다. 반면 나는 신중하고 말수가 적은 조용한 성향이었다.

남편의 분노가 표출될 때면 당황스럽고 불안함이 밀려왔다. '왜 이 상황에서 화를 내는 걸까?' 도무지 이해할 수 없었다. 큰 목소리와 직설적인 말투는 내 마음을 얼어붙게 했다. '내가 사랑했던 그 다정한 사람이 맞나?' 점점 남편이 낯설게 느껴졌다.

딸이 열두 살 무렵이다. 남편과 딸 사이에 갈등이 생기기 시작했다. 딸은 감정 표현이 서툰 예민한 아이였다. 화가 날 때면 감정을 숨기지 못하고 그대로 드러냈다. 딸의 모습이 남편 눈에는 버릇없고 무례해 보였던 것 같다. 남편은 자주 분노를 터뜨렸고, 아이는 자주 눈물을 흘렸다.

'이 결혼이 아이에게 또 다른 상처가 되는 건 아닐까….' 결혼에 대한 회의가 밀려왔다.

남편과 회복이 간절했을 당시 2021년도 '에니어그램'을 만났다. 에니어그램은 나를 이해하고, 타인의 성격을 이해하는 데 도움이 되는 도구였다. 나에 대해 끊임없이 알고 싶었다.

남편과 다툰 후 혼자 울고 있을 때면 '왜 이런 불편한 감정이 올라오는 걸까?'라는 질문을 스스로 반복했다. 내가 진심으로 원하는 감정이 무엇인지, 내 마음이 어떤 부분에서 상처받았는지 알아가기 시작했다. 그의 감정 표현이 곧 나를 향한 공격은 아니라는 사실을 알게 되었다. 나와 다른 방식으로 세상을 바라보는 사람이라는 것을 이해했다.

내면 깊은 곳에서 나를 괴롭히던 상처와 불안, 두려움을 마주하며 하염없이 눈물을 흘렸다. 진정으로 나를 사랑하는 방법은, 자신의 불편한 감정을 외면하지 않고 직면하는 것부터 시작이다.

남편과 갈등이 생기면 즉각적으로 반응하기보다는 차분히 나의 감정을 글로 정리해 본다. 왜 서운한 감정이 올라왔는지 알게 되면서 남편의 마음도 이해가 되었다. 나는 조금씩 나의 감정과 생각을 명확하게 표현하는 법을 익혀갔다. 또한 서로의 다름을 존중하며, 갈등을 해결하는 방법을 배워갔다.

감정을 억누르는 대신에 있는 그대로 표현하면서 나 자신을 잘 이해하게 되었다. 마음이 한결 건강해졌다. 이 과정을 통해 감정을 표현하는 것은 자신을 사랑하고 존중한다는 사실을 알게 되었다. 결국, 내 인생은 재혼이라는 중요한 터닝포인트를 지나며 변하기 시작했다. 내 안의 상처와 결핍을 인정하고, 치유하는 과정에서 진정한 자기 사랑을 배웠다.

고통과 눈물은 이제 사랑이라는 꽃으로 피어나기 시작했다. 그 꽃을 누군가에게 나누며 살아가고 싶다. 내가 꿈꾸는 것은, 보험설계사와 에니어그램 강사로 사람들이 자신을 이해하면서 경제적으로 행복할 수 있도록 돕는 것이다.

진정한 행복은 혼자만의 것이 아니라 누군가와 나눌 때 더 빛을 발한다. 고통은 우리를 단단하게 만들고, 그 과정을 통해 누군가에게 위로가 될 수 있다.

내 삶의 조각들이 누군가에게 다시 일어설 용기를 건네줄 수 있기를 진심으로 바란다

NO.46

최민경

❏ 소개

1. 현업 : 웰니스 토탈 라이프 디자이너
   "당신의 일상에 생기를, 삶에 건강한 변화를"
2. 목적사업 : 하트나비라이프 (Heart Navi Life)
   사명 : 라이프 P.D. [Life Purpose Director]
3. 성결대학원 아로마웰니스산업 석박사통합과정
4. 한국열린사이버대학교 뷰티건강디자인학과 편입 졸업
5. 한국외국어대학교 중국학대학 중국어전공 졸업

❏ 연락처

1. 블로그: blog.naver.com/minakey
2. 서울시 강남구 테헤란로 322 한신인터밸리24빌딩 1층

나선형 터닝포인트로 그리는
나의 성장 항해

✓ 나에게 '터닝포인트'의 의미 :
'인생의 터닝포인트'라고 하면 흔히 극적인 변화나 운명적인 순간을 생각한다. 마치 영화 속 주인공이 180도 다른 삶을 살게 되는 그런 장면처럼 말이다. 하지만 내게 '삶의 터닝포인트'는 약간 다른 의미였다.

내게 터닝포인트란 한순간의 변화로 끝나는 것이 아니라 마치 나선형과 같이 점점 더 정교화를 더해가는 여정이었다.

✓ '하트나비라이프'로 내 삶의 목적성을 발견하다

그동안 일만 열심히 해오던 나는 7년 전 유방암 진단으로 첫 번째 터닝포인트를 맞았다. 투병 과정에서 깨달은 것은 건강이란 단순히 질병이 없는 상태가 아니라, 나 자신을 얼마나 사랑하고 있는지를 보여주는 '바로미터'라는 것이었다. 내가 먹는 것, 생활 습관, 생각하는 방식들이 곧 내가 되고 나를 이룬다는 사실을 깨닫게 되었다. 이런 깨달음으로부터 나는 모든 행복한 삶의 밑받침에는 건강한 삶이 자리잡아야 한다는 것을 절감했다.

여기에서 한 단계 더 나아가 단순히 건강해지는 것을 넘어, 내 삶에 중심을 잡아주는 더 큰 의미가 필요하다는 것을 느꼈고, 그렇게 시작된 결과물이 '하트나비라이프'였다.

처음에는 막연했으나, 아로마테라피를 배우면서 내 자신을 들여다보게 된 경험을 살려, 다른 분들도 뜻있는 제2의 인생을 설계하는 데 도움이 되도록 좋은 방안으로 만들고 싶었다.

나는 그 시작을 '내 삶의 목적 찾기'로 설정했다. 단순한 건강관리나 자기관리, 목표관리를 넘어 삶의 궁극적인 방향성을 찾고 싶었다. 그리고 이것이 제2의 인생을 설계하는 데 핵심적인 방향성을 제시하고 중요한 역할을 한다고 생각한다.

그래서 나는 '라이프 퍼포즈 디렉터'로서 더 구체적인 내 사명을 그렸다. 건강한 몸과 마음을 바탕으로, 각자의 삶에서 진정한 목적을 발견하도록 돕는 것, 나의 강점을 찾아 꽃 피움으로써 행복하게 내 삶을 그려가는 것. 그것이 바로 하트나비라이프의 존재 이유이고, 내 삶의 두 번째 터닝포인트이다.

✓ **웰니스 토탈 라이프를 디자인하다**

진정한 웰니스는 신체적 건강, 정신적 웰빙, 사회적 연결, 영적 성장 그리고 재정적 안정이 조화를 이룰 때 완성된다.

나는 '하트나비라이프' 사업을 구체화하는 과정에서 깨달았다. 우리에게 필요한 것은 단편적인 해결책이 아니라 통합적 접근으로 풀어 가야 한다는 것을. 몸과 마음의 건강을 챙기고, 일과 삶의 조화를 유지하며, 재정적 안정까지 아우르는 전인적 토탈 케어가 필요하다는 것을.

그래서 나는 '웰니스 토탈 라이프 케어'라는 좀 더 구체화된 프로그램 방안을 세웠다. 이는 단순한 사업 모델이 아닌,

삶의 모든 영역에서 균형과 조화를 찾아가는 여정이 될 것이다.

나는 건강한 몸과 마음, 그리고 풍요로운 삶을 위한 실천적 로드맵을 구상하면서 현실적 방안으로 구체화해 갈 것이다.

✓ **글쓰기가 나의 터닝포인트에 미친 영향**

처음 글을 쓸 때는 내 경험과 생각을 솔직하게 기록하는 것에서 시작했다. 그런데 '글쓰기'는 나에게 뜻밖의 귀중한 선물을 주었다. 막연하고 복잡하게 얽혀있던 내 생각들이 체계적으로 정리되고, 그 과정에서 더 깊은 통찰을 얻게 된 것이다.

'내 삶을 바꾼 책'을 시작으로, '내 삶을 바꾼 습관'까지. 글을 쓰고 소통하고 출판기념회에 참석하면서 깨달았다. 나의 이야기가 다른 이들에게 위안이 되고, 희망이 될 수도 있다는 것을. 글쓰기는 단순한 기록이 아닌, 내 생각과 삶을 비추는 거울이 되고, 때로는 나를 미래로 이끌어주는 나침반이 되고 있다.

✓ **나의 멋진 터닝포인트, 그리고 기대되는 미래**

나는 '하트나비라이프'를 하나의 사업만이 아닌, 우리 모두의 삶에 생기를 불어넣는 행복한 여정으로 만들고 싶다.

'당신의 일상에 생기를, 삶에 건강한 변화를'이라는 가치를 추구하며, 나는 오늘도 한 걸음씩 더 나아간다.

인생의 황금기는 옛 추억이나 특정한 나이대가 아니라, 우리가 선택하는 바로 지금, 이 순간이 된다는 생각으로 나 스스로와 여러분 모두에게 사랑을 담은 응원을 보낸다.

NO.47

최수미

☐ **소개**

1. 저서: 『책이 시키는 대로 했더니 인생이 달라졌다』
   공저: 『인생은 선물입니다』 『몽글몽글 내 인생』
2. 자격증: 마인드파워 독서코칭 2급(교육부인증), 복지사2급

☐ **연락처**

이메일: sumi1415@naver.com

독서로 변한 내 인생

　내가 책을 읽기 시작한 것은 대학을 졸업하고 나서였다.

　어렸을 때는 손에 책을 쥐어 본 적이 없었다. 그저 교과서 외에는 독서의 필요성을 알지 못했다. 사회생활을 시작하는데 내가 사회 부적응자라는 것을 처음 인지하게 되었다. 직장의 상,하 관계, 동료들과의 관계, 직장에서 고객들과의 관계... 등이 내게는 너무도 힘이 들었다.

　내가 어렸을 때 살아오던 방식은 타인을 배척했기에 사회에서 환영받지 못했다, 내가 사회 부적응자라는 것을 인지하면서부터 나는 이런 나의 미숙함을 벗어나 새로운 나로 성장하고 싶었다.

　아니 어쩌면!!
　나는 사회에서 살아남고 싶었다. 그래서 그 방법으로 책을 선택했다. 그 당시에는 나를 이끌어줄 선배나 리더가 없었다. 내가 의지할 곳은 아무것도 없었다. 그러다 우연히 책을 접하게 되었고, 책은 나에게 많은 것을 알려주었다.

인간관계에서 서투른 나는 자기 계발서들을 섭렵하기 시작했다. 그중에서도 나의 인생 책은 데일 카네기의 『인간관계론』이다. 이 책을 읽으면서 내가 관계 맺은 직장 상사나 동료, 고객들과 전화 응대를 배우고 적용하면서 시간이 갈수록 관계가 편해짐을 느꼈다.

자기 계발서를 시작으로 중국 고전과 인문서를 읽으면서 의식의 확장과 깊이가 더해짐을 느꼈다. 독서를 한다는 것은 단순히 책만 읽는다는 것만이 아니다. 내가 살아가는 세계와 경험은 한계가 있다. 그 한계는 나의 틀을 만들고 시야와 좁은 관념을 만들어 낸다. 그렇다고 한정된 몸을 가진 내가 수없이 많은 경험을 할 수도 없다.

그렇다면 나의 좁은 시야와 틀을 깰 수 있는 가장 효과적인 방법이 무엇일까?
나는 이 물음에 단연 '독서'라고 자신 있게 말하고 싶다. 독서는 책을 쓴 저자들의 경험들이 들어있는 지혜서이다. 내가 직접 경험하지 않아도 책을 통해 저자들의 경험과 지혜를 간접 경험할 수 있는 혜택을 누릴 수 있는 아주 효율적이고 효과적인 방법이다.

내가 그랬다.
사회생활을 처음 시작했을 때 너무 서툴러 사회 부적응자로 전락할 수 있었던 나를 변화와 성장으로 이끈 매개체는 단연 '책'이었다.

변하지 못할 것 같은 내가 책을 통해 변하고 성장했다. 그리고 그로 인해 책도 쓰고 있다. 독서를 하다 보면 책을 통해 도움받았던 내가 성장을 느끼면서 나도 타인들에게 도움을 주고자 하는 욕구가 생긴다.

독서는 생각의 깊이를 깊게 해줄 수 있고, 넓이를 넓게 해줄 수 있는 최고의 도구임에 틀림없다.

변화를 원한다면 책을 읽자.

NO.48

김선화

❏ 소개

1. 영산대학교 겸임교수
2. 청소년지도사
3. 출판지도사
4. 아동권리교육강사
5. 연우심리연구소 U&I 학습. 진로상담전문가
6. 초등학교 문해교원
7. 청소년자원봉사소양교육강사

❏ 연락처

블로그: https://blog.naver.com/sunhwagiyo

내 삶의 변화는 지금도 進行形

내 삶의 Turning Point에 대해 생각하려니 아무것도 떠오르지 않는다. 나에게는 너무 많은 일이 있었다. 그 속에서 내 기억은 미로 속에서 형체를 찾지 못하고 있다. 나는 집안의 장녀였다. 어려서 기억은 6~7세의 나이에 밥을 하고, 8~9세 때 동생을 업고 다녔다. 때로는 엄마가 일하는 건설 현장에 새벽부터 같이 따라가서 동생을 업고 등교하는 친구들을 보며 '나도 학교 가고 싶다'라고 생각했던 빛바랜 기억이 떠오른다.

일요일 아침에도 아침밥을 준비하라는 엄마의 소리에 가슴 졸이며 일어난다. 어릴 적부터 나에겐 해야 할 일이 먼저 있었고, 하고 싶은 일은 뒤로 밀려나 있었다. 몇 학년인지는 잘 기억나지 않지만, 나는 초등학교 저학년이고 여동생은 세 살 정도였다. 햇살이 뜨거운 여름 1시간 거리를 동생을 업고 학교 가는 길 중간에 살고 계시는 할머니 댁에 동생을 맡겨 놓았다가, 수업이 끝나면 다시 할머니 댁에 들러 동생을 업고 땀으로 흠뻑 젖은 채 집으로 돌아오곤 했다.

어느 날, 숨이 턱까지 차오르던 언덕길을 올라가다 산에서 졸졸 흘러내리던 계곡물을 보았다. 지치고 힘들었던 나는 동생을 옷 입은 채로 그 물에 앉혔다. 동생은 차가운 계곡물에 놀라 울음을 터뜨려, 나는 황급히 동생을 안아 포대기로 돌돌

감싸 업고 집으로 향했다. 그날의 무더위, 젖은 옷, 동생의 울음소리, 그리고 작디작은 내 어깨 위의 무게, 그건 아마 내가 기억하는 짐의 무게로 '살아간다는 일'의 삶의 힘듦을 그때 알았다. 감당하기 어려웠던 삶을 난 벗어나고 싶었다.

산을 타다 만난 남자와 결혼이라는 인생의 첫 전환점을 시기로 여자의 일생을 살았다. 서로 다른 가정 문화에서 살다가 만난 인연, 그렇게 둘이 좋아서 살면 되는 줄 알았다. 그런데 막상 결혼을 해보니 시댁과의 갈등, 누구보다 힘이 되어줘야 할 남편이 시댁의 일에는 눈에 불을 켜고 예민하게 반응했다. 그렇게 강산이 바뀌는 세월을 살았다. 세월의 흐름 속에 아이들은 성장했고, 나의 삶은 구멍이 나 있었다. 부서질지 모르는 내 몸을 지탱하면서 이 속에서 나는 늘 내가 특별하지 않다고 생각했다.

일하면서 생긴 좌절과 돈 때문에 힘든 현실은 나를 싫게 만들었다. 이렇게 난 이번 생을 살아야 하는 사념에서 나를 밖으로 끌어내는 에너지가 있었다. 그것은 '배우고자 하는 근원적인 욕구였다.' 나를 잠식하게 만드는 순간에 난 배움의 줄을 잡았다. 이 선택이 지금의 내가 있게 만든 불씨였다. 찰나의 선택으로 거울 속 내 모습을 바라보면 난 미소 짓는다. 내 안에 잔잔하게 남아있는 강인함이 고개를 들고 나를 쳐다보기 때문이다. 어려서 맞벌이하시는 부모님을 대신해 5남매의 장녀로 내 책임의 무게를 체감했던 순간들, 벗어나고자 했던 간절함으로 선택한 결혼이라는 선택이 마냥 힘들게만 만드는 것은 아니었다. 오히려 나의 전환점이 되었다.

많은 경험 속에서 난 새로운 도전에 겁을 먹지 않고 '누구나 처음은 있다.'라는 마음으로 한 걸음 전진했다. 비릿한 바다 냄새가 뇌리를 파고든다. 모래 위에 앉아서 광안대교를 바라본다. 호흡을 통해 나의 세포에 숨겨져 있는 기억을 꺼내어 본다. 수많은 물보라가 저마다의 경험담을 수다스럽게 자랑하듯이 난 내가 새롭게 경험한 모든 것들에 의미를 담고 세포 속 하나의 방에 넣어둔다.

학생들과 함께하는 프로그램 및 상담을 통해 한 사람이라도 나의 진심이 전달되어 그의 미래 삶의 변화를 위한 전환점이 된다면 좋겠다. 나에게 자문한다. '내 삶이 누군가에게 의미가 될 수 있을까?' 이 물음은 나를 자극하면서 새로운 Turning Point를 할 수 있도록 동기를 제공해 준다. 나를 위해 살아야겠다는 생각에서 몰두한 공부가 현재의 내 삶의 전환점이 되었고, 지금의 순간까지 온 것은 내가 나를 포기하지 않았기 때문이다.

누군가 *"어떻게 살아왔어요?"* 라고 질문했다. 그때 난 *"그냥 남들처럼 살아왔어요."* 라고 말을 했다. 그때 그는 나에게 말했다. '그냥'이라는 말속에는 감정들, 노력한 것들, 책임의 무게를 지려고 했던 마음들, 포기하지 않은 마음들이 '그냥'이라는 말속에 함축되어 있다고 그 말에 눈물이 흐른다. 나에게 말해 주고 싶다.

'Turning Point' *"나는 아직 진행 중이다."*

NO.49

권수일

❏ 소개
1. 서울대학교 치의학대학원 행정실장
2. 국민권익위원회 청렴연수원 등록 청렴교육 전문강사
3. 인사혁신처 적극행정 전담강사
4. 한국교육학술정보원 윤리경영위원회 외부전문위원
5. 온라인 오프라인 500회 이상 강의, 자문, 컨설팅
6. 대한민국 공직자 도전! 청렴 골든벨! 2등(준우승)
7. 닉네임: 청렴메신저, 청실남

❏ 연락처
1. 네이버 검색: 청렴메신저 권수일
2. 유튜브 검색: 청실남TV

도전, 도전, 도전이 정답이다

나는 대한민국 공직자다. 서울대학교 치의학대학원 행정실장으로 근무하면서 국민권익위원회 청렴연수원 등록 청렴 교육 전문강사와 인사혁신처 적극행정 전담강사로도 활동하고 있다. 지금까지 31년간 공직 생활을 하고 있고 퇴직이 2년도 채 남지 않았다. 2026년 12월 31일 자로 퇴직한다.

나는 '퇴직은 있어도 은퇴는 없다'라는 생각으로 퇴직 후에도 지속적인 경제 활동을 다짐하며 퇴직 후의 삶을 고민해 왔다. 그러나 답은 보이지 않았다. 기술직에 비해 행정직은 재취업이 하늘의 별 따기보다도 어렵다는 것을 먼저 퇴직하신 선배들을 보면서 깨달았다. 기술직은 공사감리자로 가기도 하고 사업자등록을 하고 개인 사업가의 길을 걷기도 하는데 행정직은 갈 곳도 받아주는 곳도 없는지 대부분 연금 생활자로 살아가고 있다.

취업에 성공하더라도 단기간 아르바이트에 가까운 일을 하고 있고 현역 때의 업무와는 동떨어진 경비원과 미화원을 하는 경우도 많았다. 국가 기술 자격증이 취업에 도움이 된다는 언론 보도에 소방안전관리자 자격을 취득했고 직업상담사 자격증도 취득하기 위해 준비하고 있었다. 하지만 명확한 목적과 목표가 없는 의미 없는 몸부림일 뿐이었다.

내 삶의 터닝포인트는 뜻하지 않게 찾아왔다. 만남과 도전이었다. 책과 사람을 통해 동기부여를 얻었고 기회를 얻었고 도전했고 내 인생이 변했다. 2019년 7월 1일 자로 학교 조직이 개편되면서 청렴 업무를 추가로 부여받았고 바로 8월에 서울대학교 신규 임용 교원들을 대상으로 하는 반부패·청렴 교육 강의 요청에 서슴없이 도전했고 성공적으로 마쳤다.

나는 많은 사람 앞에서도 떨리지 않았고 무대공포증도 없었다. 이를 계기로 청렴교육 전문강사가 된다면 보다 많은 사람에게 청렴의 가치를 전할 수 있고, 이는 청렴 문화를 확산시키는 일에 기여하는 것이고 공직자로서 공공의 이익을 위한 사명을 다하는 것이라고 믿었다. 퇴직 후에도 선한 영향력을 펼치며 나눔도 실천하며 경제 활동까지 이어갈 수 있다고 생각했다. 이에 국민권익위원회 청렴연수원 등록 청렴 교육 전문 강사로 도전하여 합격하면서 청렴 교육 전문 강사의 길을 걷기 시작했다.

나는 2020년 4월 초에 SNS 브랜드 마케팅 전문가 〈세나시 브랜딩스쿨〉 최은희 대표와 경력설계전문가 〈더마니에듀〉 박숙희 대표를 만나면서 SNS와 퍼스널브랜딩의 중요성을 알게 되었고 2020년 4월 말에 블로그 〈청렴메신저 권수일의 세상을 바꾸는 청렴이야기〉와 유튜브 〈청실남TV〉로 온라인 세상에 본격적으로 진입했다. 2020년 12월에는 〈청렴메신저〉라는 퍼스널 브랜드까지 만들었다. 블로그와 유튜브에 정기적으로 글과 영상을 게재하면서 인지도와 신뢰도를 높였고 이는, 폭발적인 강의 요청으로 이어졌다.

나는 강의 그 자체가 삶이고 기쁨이고 보람이다. 2024년부터는 강의 분야를 적극행정교육까지 확대하고자 인사혁신처 적극행정 강사로 도전했다. 지금은 청렴 교육강사와 적극행정 강사를 병행하며 전국을 다니고 있다.

나의 만남과 도전은 계속 진행 중이다. 퇴직 후에는 강의 활동과 행정사 업을 병행할 예정이다. 지금은 행정사 사무소 개업을 위해 준비 중이다. 행정사는 변호사, 법무사, 세무사, 변리사, 감정평가사, 노무사 등과 같은 국가전문자격에 속한다. 전문직 종사자라고 부를 수 있다. 그러나 아직은 평균연봉이나 인지도가 이들 자격에 비해 미치지 못하지만, 행정법률과 행정 처리에 대한 국민의 수요는 날로 증가하며 과거보다 더 큰 시장, 고도의 행정이 요구되는 시대를 맞이하고 있다. 나는 행정사로서 이러한 시장의 요구에 대응해서 퇴직 전에 미리 차질 없이 준비하고 퇴직 후에는 행정사무소를 개업하여 이 분야에 선도적으로 개척해 나가겠다. 나는 행정사로서 국민의 권리구제와 다른 행정사의 권익 신장을 위해서도 나에게 주어진 소명을 다하고자 노력하겠다.

내 삶의 터닝포인트는 만남과 도전이었다. 만남이 기회가 되고 도전은 성공이라는 결과로 나타났다. 지금은 퇴직이 두렵지 않은 강사로 당당하게 살아가고 있다. 퇴직 후 은퇴 없는 삶이 기다려진다. **내가 살아있는 한 만남과 도전은 계속될 것이다.**

NO.50

우정희

❏ 소개

1. (현) 청도재가노인복지센터 대표 (2014~)
2. 한세대학교 사회복지행정학과 박사
3. 미국로드랜드대학 자연치유학과 졸업
4. 대한웰다잉협회 동대문지회장
5. 강덕무관총본관 (1972) 이재봉관장 쿵후 우슈태극권 사범
6. 국제공인 NLP 마스터 프랙티셔너
7. 네이버 검색 우정희

❏ 연락처

https://litt.ly/cheongdo365
https://www.youtube.com/@TV-io8pe
https://blog.naver.com/sungwoo39

변화의 시작은 나다움 찾기

　나는 존경받는 삶을 살고 싶었다. 그래서 더 열심히 공부하고, 책을 읽으며 자기 계발에 힘썼다. 맡은 일은 완벽하게 하고, 주어진 역할에 충실히 하고자 애썼다. 누군가에게 불편을 주거나, 기대에 못 미쳐 실망하게 하고 싶지 않아 쉼 없이 부지런히 살아왔다. 성실하게 살고, 남에게 폐를 끼치지 않아야 인정받고 사랑받을 수 있다고 믿었다. 나는 해야 할 일을 묵묵히 해내며 바쁘게 살아왔다. 힘들 때도 있었지만, 늘 긍정과 의미를 찾아가려 애썼다.

　그렇게 쉼 없이 달려오던 어느 순간, 문득 멈춰 섰다. '나는 누구인가?' '나는 무엇을 좋아하며, 어떤 삶을 꿈꾸고 있는가?' 돌아볼 겨를 없이 달려온 시간 속에서, 마음 깊은 곳에 묻어두었던 작은 질문들이 조용히 피어올랐다. 해야 할 일에 몰두하며 감정에 귀 기울일 틈도 없이 버텨온 시간들. 숨 쉬는 것조차 버거운 날들 속에서도 "*나는 괜찮아*"라고 되뇌며, 누구에게나 아픔은 있는 거라 믿으며 하루를 견뎠다.

　지친 하루의 끝, 밤 10시가 넘어서야 비로소 '지금 내가 원하는 삶은 무엇일까?'라는 물음이 조용히 고개를 들었다. 그리고 뜻밖에도, 코칭을 통해 아픔과 오래된 감정을 꺼내는 사람들의 모습을 보며 나 역시 오랫동안 마음 깊이 묻어두었던 이름 하나를 떠올리게 되었다. 시어머니.

7~8년 전, 시어머니와의 갈등 이후 연락처를 지우고, 그 이름조차 꺼내기 싫어하며 살아왔다. 용서도 이해도 없이, 그 감정을 마음 깊숙이 묻어둔 채였다. 하지만 그날, 나는 용기 내어 마음의 문을 열기로 결심했다. 포럼이 끝난 후, 떨리는 손으로 시어머니께 전화를 걸었다. *"어머니, 그때 어머니가 그렇게 얘기하셨더라도 제가 마음을 풀어보려 하지 않고 그냥 마음의 문을 닫아버렸네요. 죄송합니다."* 잠시 정적이 흐른 뒤, 시어머니의 조용한 목소리가 들려왔다.

"그랬구나... 나도 미안하다. 사실 나도 너를 몇 번 만나보려 했는데 결국 그러지 못했어. 먼저 얘기해 줘서 고맙다." 그 전화 한 통은 내 삶에서 가장 깊고 오래된 감정의 매듭을 풀어주었다. '용서'는 상대를 위한 것이 아니라, 내 마음을 자유롭게 하는 일이었다.

그날 이후, 나는 관계의 평화뿐 아니라 내면의 평화도 경험했다. 포럼을 통해 마음이 열린 뒤, 감정을 꺼내어 마주하는 일이 진짜 치유의 도구가 되었다. 하루 9시간 600개 감사일기를 쓰기도 하고, 3일 동안 1,210개의 감사일기를 쓰며 울고 웃는 과정을 거쳐, 마침내 "정말 수고했어"라고 나 자신을 껴안을 수 있었다. 비로소 나는 있는 그대로의 나를 인정하게 되었다.

이후 나는 공저 활동을 통해 나의 이야기를 글로 정리하기 시작했다. 한국시니어플래너협회 첫 공저를 시작으로, 나연구소 우경하 대표님과 함께 삶을 돌아보며 진심을 꺼내는 글쓰기를 이어갔다. 공저는 내 인생을 꺼내어 치유하는 여정이었다. 한때 나는 '내가 다 해내야 해'라는 생각에 무겁고 바쁘게 살아왔다. 사람들은 내 성취를 대단하다고 했지만, 나는 늘 부족함을 느끼며 스스로를 몰아붙였다. 그게 나를 지치게 한 줄도 몰랐다. 지금 돌아보면 참 많이 안쓰러웠던 나였다. 이제는 자유롭고 평화롭다. 더 이상 타인의 시선에 흔들리지 않고, 사랑과 성장으로 내 길을 걸어가고 있다.

이 모든 경험은 지금 내가 운영하는 청도 재가 노인복지센터를 더 깊이 있는 돌봄의 공간으로 이끌어주었다. 나는 단순히 어르신의 신체를 돌보는 사람이 아니라, 마음을 듣고 관계를 회복할 수 있도록 돕는 사람이 되고 싶다. 나 역시 오래된 감정을 꺼내어 치유와 연결의 기적을 경험했기 때문이다. 내 삶의 터닝포인트는 단 하나의 사건이 아니었다. 다양한 삶의 순간들이 나를 '진짜 나'와 만나게 했고, 그 여정은 지금도 이어지고 있다.

이제 나는 안다. 소통은 자유롭게 표현하는 데서 시작되고, 삶의 본질은 '나다움'에 있다는 것을. 긴장과 책임감으로 살아오던 어느 날, 내 어깨 위에 얹혀 있던 곰 아홉 마리가 툭툭 떨어져 나가는 듯한 해방감을 느꼈고, 자아를 열고 나를 인정하는 일이 얼마나 소중한지 깨달았다. 나는 조용히 스스로에게 묻는다. '지금, 나는 진짜 나답게 살고 있는가?'

그리고 "예"라고 답할 수 있는 이 순간, 그것이 바로 나의 진짜 터닝포인트다.

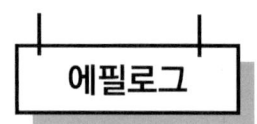

에필로그

　동전의 앞과 뒤, 빛과 그림자처럼, 책에도 작가의 시선과 독자의 시선, 두 가지 관점이 존재한다.
　작가는 글을 쓰는 과정을 통해 자신을 성찰하고 생각을 정리하며, 경험, 배움, 지혜를 타인에게 전달하는 보람과 기쁨을 느낀다. 그리고 독자는 타인의 성장과 인생 이야기를 읽으며 공감과 위안을 얻고, 삶의 용기, 희망, 새로운 아이디어 등을 발견한다.
　이처럼 책이 주는 유익함은 양쪽 모두에게 존재한다. 공동 저서는 개인 저서 대비 시간, 비용, 분량이 적게 들기에 책을 처음 써보는 분들과 꾸준히 책을 쓰고 싶은 사람에게 적합하다. 그렇기에 책 쓰기를 처음 시작하시는 분들이라면 공동 저서로 시작과 경험을 쌓기를 권유하고 추천한다. 이런 경험이 다음 단계로 넘어가는 데 좋은 밑거름이 된다.

　책을 쓰기 위해서는 용기, 시간, 집중력, 인내 등이 필요하다. 바쁜 일정 가운데 마음을 내어 함께 한 작가님들에게 감사와 격려의 말을 전한다.
　우리의 변화 이야기가 어두운 세상에 한 줄기 빛이 되길 희망하며 우리 삶의 터닝포인트 이야기를 마무리한다.
　다음은 당신 차례다.

<u>당신 삶의</u>
<u>터닝포인트는 무엇인가요?</u>